L'adolescen

Jay McGraw
Illustrations de Soledad

100 % ados

• MARABOUT •

Pour Jennifer McGough, la plus précieuse des compagnes.

Pour son amour, son infinie tendresse, sa formidable amitié.

Pour Jerry, ma grand-mère, qui a toujours su me réconforter et me comprendre.

Pour mes parents, qui ont su m'élever avec compréhension et amour.

Pour mon frère Jordan, à qui ce livre rendra service, j'en suis sûr.

100 %
ados

Traduction : Antoine Hess et Hélène Bertini.

Remerciements

Je voudrais d'abord remercier du fond du cœur celle qui partage ma vie, Jennifer McGough, véritable roc sur lequel je me suis appuyé pendant l'aventure de ce livre. Merci pour ton aide de tous les jours, une aide à la fois technique et psychologique. Tu as contribué non seulement à la qualité du livre, mais à ma formation d'écrivain. Merci, Niff. Je t'aime.

Je voudrais aussi remercier mes parents. Merci, Papa, pour ton aide constante et pour avoir cru en moi. Je te remercie surtout pour tes encouragements et la confiance que tu m'as témoignée dans l'accomplissement de ce travail. Je ne pouvais en attendre moins de toi. Merci, Papa. Maman, malgré le fait que je mentionne d'abord Papa pour ce qui concerne ce livre, tu as eu également une influence positive et forte dans ma vie. Merci à toi, pour tout ce que tu as fait pour moi et pour tout ce que tu m'aides à faire.

Je continue ma série de sincères remerciements avec Jan Miller, mon agent, et son équipe. Depuis le premier jour, Jan a fait preuve d'une aide sans limites pour le livre auquel je m'attelais. Merci pour ton aide et pour ton amitié.

Je suis également très reconnaissant à l'égard de mon éditeur, Dominique Anfuso, pour son dévouement et le temps qu'il m'a consacré. Il m'a permis, sans aucun doute, d'aboutir à un livre de meilleure qualité. Son éthique de travail, son amitié, m'ont été précieuses. Merci pour votre aide et votre amitié.

Je remercie aussi Skip Hollandworth, un homme de grand talent. Grâce à lui, la qualité du livre a été rehaussée. Grâce à lui, j'ai appris à mieux écrire. Merci, Skip, pour votre éthique de travail, pour votre amitié, pour votre aide assidue. J'ai eu beaucoup de plaisir à travailler avec vous.

Je remercie Melodi Gregg pour la détermination qu'elle a montrée en travaillant souvent tard le soir et pendant les week-ends pour la transcription de mon manuscrit. Merci pour votre patience et pour votre capacité de déchiffrer mon écriture souvent illisible !

Merci à Jonathan Leach, qui a pris le temps de m'enseigner, à la base, la technique de l'écriture. Merci également à Bill Dawson, qui m'a toujours témoigné du respect pour mon travail et qui m'a traité comme un fils. Merci à Andy Lawrence et Mike Ginn pour la lecture qu'ils ont faite du premier jet du manuscrit et pour leurs remarques avisées. Merci encore à Andy pour son aide si précieuse ayant concerné les projets en cours.

Je voudrais aussi remercier M. et Mme McGough pour les repas qui m'ont réconforté, pour toutes les attentions qu'ils ont eues à mon égard. Merci à David McGough, qui a lu mon manuscrit et m'a proposé des suggestions précieuses.

Merci à mon frère Jordan, qui m'a offert une heureuse influence pour le manuscrit et qui a su si souvent me faire rire. Tu es un frère idéal, Jordan.

Merci à ma grand-mère, Jerry, la meilleure des grand-mères.

Je voudrais également remercier mon parrain Gary Dobbs, ainsi que mon oncle Scott Madsen. Ils ont toujours su m'encourager et ont su m'aider à défendre mes intérêts dans tous les domaines.

Merci à Brent Dobbs et à Scott Madsen pour leur fidèle amitié, pour leur soutien. Merci à Cherlynne Li, qui a eu le talent de choisir la meilleure couverture qui soit pour le livre. Merci à tous les participants des groupes de travail. Vos remarques, vos suggestions, vos discussions m'ont aidé à donner, dès le départ, une impulsion au livre en gestation. Merci pour le temps que vous avez consacré à cela, merci pour votre participation. Je voudrais aussi remercier les directeurs de collection Carolyn Reidy et Mark Gompertz, de la maison d'édition Simon & Schuster, pour l'intérêt qu'ils ont témoigné pour ce projet, pour la passion et le professionnalisme dont ils ont fait preuve.

Enfin, je voudrais remercier Jennifer Love, Kristen McGuiness, ainsi que Jonathan Brodman de l'équipe éditoriale de chez Simon & Schuster, pour le travail difficile qu'ils ont accompli.

Sommaire

Préface
du Dr Phillip C. McGraw

Dans mon livre *Stratégies pour la vie*, j'avais insisté sur la règle de vie n° 1 : "Ou bien vous comprenez ou bien vous n'avez rien compris."
Figurez-vous que cette loi est revenue en boomerang, en pleine figure de son auteur. Cela s'est passé comme ça : mon fils était en train de préparer son livre qui n'avait pas encore de titre et traitait des stratégies indispensables à acquérir pour les adolescents. Il m'a dit un jour : "Papa, excuse-moi, mais pour ce qui est des ados, tu n'as rien compris !". Cela dit, il avait appris et appliqué un très grand nombre d'enseignements contenus dans mon livre destiné aux adultes. Le problème, c'était que mon livre était destiné aux adultes et non aux ados. Mon fils m'a assuré qu'il a passé six ans à adapter mon livre à une génération différente : celle des adolescents. Je vous assure que ces six années n'ont pas été perdues pour lui.
Il a magnifiquement relevé le défi que je lui avais lancé. Je lui ai dit : "Si moi je ne sais pas m'adresser aux ados, et que toi tu penses pouvoir le faire, avec ta formulation à toi, alors vas-y, n'hésite pas !"

Le livre que vous avez en main est le résultat de ce défi. Ce livre me remplit tout à la fois d'admiration, d'humilité et de fierté. Il constitue un message formidable pour tous les jeunes qui ont souvent l'impression de ne pas être dans le coup, de ne pas réussir à maîtriser leur vie. Ce livre leur permettra de changer leur vie.

Maintenant, il faut que je vous avoue quelque chose. Si l'on m'avait dit, lorsque Jay était encore un jeune lycéen, que mon fils s'apprêtait à écrire un livre sur la réussite de la vie pour les adolescents, j'aurais éclaté de rire. Eh bien, il a réussi à l'écrire, ce livre, et, tandis qu'il l'écrivait, il réussissait à faire de sa vie quelque chose de remarquable. Les deux chemins étaient intimement liés. Pendant ces années d'écriture et de développement personnel, Jay a su appliquer au monde des adolescents ce que j'avais expliqué au monde des adultes. Il a eu le grand mérite de comprendre qu'il possédait un énorme pouvoir : celui de modifier le cours de sa vie grâce aux buts qu'il se fixait et aux choix qu'il élaborait.

Quand on n'a pas encore vingt ans, beaucoup de choses sont déjà structurées dans l'individu, et souvent de manière profonde. Jay l'a vite compris. Mais il a su également comprendre qu'à cet âge, il y a beaucoup de choses que l'on peut transformer par soi-même.
J'ai pu observer l'évolution qui s'est faite chez lui. Au début, Jay était un gamin parmi d'autres, qui se laissait un peu porter par les événements. À cette époque, il n'était pas vraiment fanatique de l'univers scolaire, c'est le moins qu'on puisse dire. Et puis il a changé. Il a décidé de reprendre de manière intelligente le scénario de sa vie et de le réécrire à sa façon. Il a décidé d'utiliser tout le potentiel qui était le sien pour réussir sa vie, tout de suite, avant même de devenir un adulte. Et il a réussi à accomplir cette transformation avec une joie de vivre qui faisait quotidiennement mon admiration. Émerveillé, je me demandais ce qu'il pouvait bien se passer dans sa tête pour qu'il parvienne à une telle réussite. La réponse, je l'ai eue un peu plus tard, lorsque ce livre a été achevé. Jay a su prendre l'essentiel du livre que j'avais écrit et le transformer à sa façon, pour l'adapter, avec ses mots à lui, à de jeunes lecteurs.
Voilà pourquoi je suis si fier de préfacer le premier livre de mon fils : *100 % ados*.

Les parents d'adolescents liront avec un grand profit cet ouvrage. Si, comme moi, ils parviennent à guider leur fils ou leur fille vers les enseignements de ce livre, de manière à ce que ces derniers assimilent une nouvelle manière de penser, de comprendre, de sentir, de se comporter, ils verront ce que j'ai pu moi-même observer : une formidable évolution de leur enfant.

Si vous êtes vous-même un(e) adolescent(e), et que ce livre vous est tombé sous la main, par hasard ou pas par hasard, vous avez bien de la chance. Je vous assure que vous allez pouvoir accéder à un niveau dont vous n'aviez même pas idée jusqu'à présent. Vous deviendrez à la fois plus libre et plus performant(e), dans tous les aspects de votre vie.

Vos motivations peuvent être diverses : désir de vous affirmer vis-à-vis de vos camarades, de vos parents, de vous-même, désir de construire une vie meilleure, désir de dépasser les nombreuses et inévitables difficultés que l'on rencontre quand on a quinze, seize, dix-sept ou dix-huit ans (et davantage...).

En bref, si vous désirez avoir une vie plus heureuse, plus forte, accrochez-vous aux pages qui suivent. Vous ne serez pas déçu(e) du voyage !

Prologue

Cher Journal,

Quand est-ce que tout a commencé ? Tout est si différent à présent… Avec Maman, on s'amusait bien. On ne se quittait pas, elle et moi. J'aimais bien l'école, j'aimais bien les copains, il n'y avait pas de problème.

Quand donc les choses ont-elles basculé ? À la fin des vacances ? Au lycée, quand j'ai commencé à draguer les filles, avec mes copains ? J'ai l'impression d'être passé en peu de temps d'un monde de liberté à un monde où tout est devenu compliqué.

À présent, je m'inquiète de ce que les autres peuvent penser de moi. Tout d'un coup, et sans raison, je me sens timide, méfiant. Je me demande parfois si, par hasard, on ne serait pas en train de raconter des choses sur moi pendant que j'ai le dos tourné.

Mon père, lui, ne facilite pas les choses. À cause de lui, j'ai mauvaise conscience. C'est vrai, je ne regarde plus les filles comme avant, et je passe davantage de temps avec mes copains, mais ce n'est pas une raison.

Je m'énerve pour un rien, et je ne sais pas pourquoi. Et puis je m'ennuie souvent. C'est nouveau, ça. Ce n'est pas drôle tous les jours. J'aurais voulu en discuter un peu avec Maman, mais elle ne m'écoute plus. Tout ce qu'elle fait, c'est me critiquer, pour un oui ou pour un non.

Mon père et ma mère me fusilleraient s'ils apprenaient que je m'offre une petite bière, de temps en temps. Ce n'est pas bien méchant. Tout le monde fait ça, non ?

Ah, c'est vraiment nul d'avoir mon âge ! J'aimerais avoir soit dix ans, soit vingt-cinq ans. Mais pas l'âge que j'ai.

Je passe plein de temps dans ma chambre. Je suis un peu seul, c'est vrai, mais au moins on m'y laisse tranquille et je ne subis pas une énième inquisition à propos de mes notes, de mes amis, de mes habits ou de je ne sais quoi.

Quand mon bulletin scolaire va arriver, je vais me faire incendier, c'est sûr. Ouah ! On va supprimer toutes mes sorties… Quelle vie !

Introduction

Introduction

"L'enfer, c'est d'être à la dérive. Et le paradis, c'est de savoir où on va." George Bernard Shaw

Judith, 16 ans
"Je voudrais que mes parents m'écoutent un peu plus, au lieu de toujours m'interrompre en disant : 'Il n'en est pas question' ou 'C'est pour ton bien.' Je peux avoir raison moi aussi de temps en temps !"

Thomas, 13 ans
"Moi, j'aimerais bien que mes parents arrêtent de me raconter ce qu'ils faisaient lorsqu'ils avaient mon âge. J'en ai marre de leurs leçons d'histoire et de la façon qu'ils ont de s'accrocher au passé. Le monde a changé ! Nos problèmes ne sont pas les mêmes. Et ça, on dirait qu'ils ne le comprennent pas."

Pour être tout à fait honnête, je dois avouer que, si l'on m'avait offert ce livre il y a quelques années, alors que j'étais encore au lycée, j'aurais jeté un œil sur le titre, le sujet, et je me serais dit : "Encore un guide de bonne conduite ! Vous ne croyez tout de même pas que je vais lire ce genre de bouquin, alors que je n'arrive même pas à lire tous ceux qui sont au programme ! Non, merci, ça ne m'intéresse pas..."

Je suis sûr que c'est à peu près ce que vous pensez maintenant, en parcourant ces lignes. Ce livre vous a sans doute été offert par votre père ou votre mère, ou peut-être par un parent ou un(e) ami(e) plein(e) de bonnes intentions.
Et si vous l'avez acheté vous-même, dans un moment de faiblesse, vous le regrettez déjà : "Voilà un livre davantage destiné à faire de moi ce que mes parents ou les adultes voudraient que je sois, plutôt qu'à m'aider à obtenir ce que je veux. D'ailleurs, aucun auteur au monde ne peut savoir quels sont mes désirs les plus profonds."

J'ai l'impression que vous en avez assez, vous aussi, de ces livres qui ressassent toujours la même chose, vous incitant à bien travailler en classe, à être poli(e), à aller chez le coiffeur, à répondre quand on vous pose une question, à vous habiller un peu mieux, etc. Des livres où l'on trouve inévitablement ces cinq mots qui tuent : "Quand j'avais ton âge..." Des livres qui se veulent utiles, mais qui sont bien loin de la réalité actuelle, et terriblement ennuyeux.

"Alors, me direz-vous, en quoi votre livre est-il différent ? Qu'entendez-vous au juste par *100 % ados* ? Où voulez-vous en venir ?"

Sans doute pensez-vous que votre vie quotidienne est déjà bien assez compliquée et que tout cela constitue une perte de temps.

Il n'en est rien car les stratégies que je vous propose ici vous aideront à obtenir ce que vous désirez et, à l'inverse, vous éviteront ce que vous détestez.

Avant tout, sachez que ce livre vous est destiné, il n'a pas été conçu pour vos parents, ni pour vos professeurs ou vos éducateurs, quels qu'ils soient.
Je ne jouerai pas à celui qui sait tout, qui a tout lu, tout vu, tout vécu. Je parlerai simplement et concrètement des problèmes que j'ai rencontrés et qui ressemblent beaucoup à ceux que vous connaissez actuellement. Et quand je parle de "stratégies", je fais simplement référence à des plans concrets qui vous permettront de réaliser ce qui vous tient à cœur, et cela dès maintenant.

J'aurais aimé pouvoir vous poser un certain nombre de questions, telles que : "De quoi avez-vous besoin ? Que désirez-vous ? qu'est-ce qui est le plus important pour vous ?"
Ces questions, je les ai toutefois directement posées à de nombreux adolescents. À défaut de connaître votre réponse, je pense que vous vous reconnaîtrez sans peine dans les réponses de quelques-uns d'entre eux.

Alors, vous vous reconnaissez plus ou moins dans cette galerie de portraits ? En discutant avec les uns et les autres, ce qui m'a frappé, c'est que la plupart savaient très bien décrire ce qu'ils refusaient, ce qui empoisonnait leur existence, mais ils étaient incapables de me dire avec précision ce qu'ils voulaient au juste.

Savoir ce que l'on ne veut pas est déjà appréciable car cela permet d'éliminer de sa vie tout ce que l'on n'aime pas, tout ce qui est négatif.

Laurie, 18 ans
"Dans quelque temps, il va sans doute falloir que je me débrouille toute seule. Je commence à angoisser. Parce que je n'ai pas de projet, ni aucun plan pour en trouver un. Tout m'ennuie. Je ne sais pas quoi faire de ma vie."

Paul, 18 ans
"Moi, tout m'est égal. Rien n'a d'importance, rien ne m'intéresse vraiment. Ni les études ni les filles."

Carl, 17 ans
"Les adultes me traitent comme si j'étais un gamin de 2 ans. C'est vrai, j'ai eu quelques problèmes, mais il ne faut pas exagérer : c'est du passé !"

David, 16 ans
"Quand je vois les autres qui réussissent si bien en classe, je me dis : 'À quoi bon ? De toute façon, je ne pourrai jamais arriver à leur niveau. Alors, quelle importance ?'..."

Julia, 14 ans
"Moi, ce que je voudrais, c'est pouvoir sortir avec qui je veux. J'ai un copain, mais ma mère m'empêche de le voir. Elle se méfie des hommes, à cause de mon père."

Si vous voulez continuer à vous morfondre, à râler sur les difficultés de l'existence, à gémir sur tout ce qu'elle vous fait endurer, alors, cet ouvrage n'est pas pour vous.

Hugues, 17 ans

"Je suis en Terminale et ça marche plutôt bien pour moi. Trop bien peut-être, car j'ai l'impression de passer à côté de beaucoup de choses : seuls les résultats comptent. Même mes parents me conseillent de sortir et de m'amuser, mais je n'arrive pas à me détacher de mes bouquins."

Lire ou ne pas lire

Allez-vous accepter que telle ou telle situation vienne gâcher votre existence ? Ne préféreriez-vous pas, plutôt, avoir une vie plus réussie, plus passionnante ?
Essayez de faire le point un instant : que souhaitez-vous éliminer de votre vie ? que souhaitez-vous y ajouter ?
Une dernière question, très importante :
avez-vous le sentiment d'être capable d'apporter des changements significatifs dans votre vie ? ou bien pensez-vous que, n'étant pas encore autonome, vous devez vous résigner et vous contenter de ce que vous avez ?
Sur ce dernier point, laissez-moi vous assurer que vous possédez en vous un véritable pouvoir de transformation, une force qui ne demande qu'à être utilisée. Mais vous ignorez comment l'utiliser.

Même si vous n'êtes pas encore en mesure de contrôler tous les aspects de votre vie, vous n'êtes ni impuissant(e) ni coincé(e). Vous êtes capable d'agir sur le cours de votre existence. Vous pouvez, par exemple, arriver à jouir d'une plus grande liberté, acquérir la confiance, l'énergie, l'enthousiasme qui vous permettront de sortir d'un anonymat médiocre, en classe. Vous pouvez changer l'image que vos parents ont de vous, afin qu'ils ne vous traitent plus comme un(e) enfant. Vous êtes parfaitement capable d'obtenir la reconnaissance et le respect des autres, au lieu de demeurer à leur merci. Enfin, vous avez le pouvoir de surmonter votre angoisse face au futur en créant vous-même les conditions de votre avenir.

En conséquence, si vous êtes persuadé(e) que vous n'avez rien à apprendre et que vous connaissez déjà tout ce que vous devez connaître, alors, abandonnez ce livre.
Si vous vous obstinez à ignorer le formidable potentiel qui est le vôtre, les capacités inouïes que vous détenez en vous, inutile d'aller plus loin.
Mais, à l'inverse, si vous le désirez, vous pouvez, avec ce livre, éviter bien des ennuis, bien des difficultés, en les anticipant. Le choix est entre vos mains.
Mon but est de vous montrer comment devenir responsable et orienter votre vie comme vous l'entendez. Il est possible que, lisant ces lignes, vous vous disiez : "Tout cela est bien beau, mais qui êtes-vous pour me parler ainsi ? Et comment comptez-vous m'apprendre à mieux gérer ma vie ?"
Vous avez raison de vous poser la question !

Bonne question !
Je m'appelle Jay McGraw (vous le savez déjà) j'ai vingt ans et je suis étudiant à l'université du Texas. Mais je suis également le fils d'un psychologue, le docteur Phil McGraw, bien connu aux États-Unis grâce à son livre *Seul Maître à bord* et à une célèbre émission télévisée à laquelle il participe chaque semaine.

Mon père a passé l'essentiel de son existence à étudier le comportement humain. Fasciné par les mécanismes psychiques qui sous-tendent nos actions, il a cherché à les comprendre et à les décortiquer sans relâche.
Que diriez-vous d'avoir un père tel que le mien ? J'espère que vous me plaignez ! Cependant, je dois reconnaître que, dans l'ensemble, cela ne s'est pas trop mal passé !

Ce que je déteste

Il m'est arrivé d'organiser des groupes de discussion, autrement dit : des rencontres où les gens sont assis en rond et où chacun donne son avis. Parmi les réponses à la question "Qu'est-ce que vous ne voulez pas ?", nombreuses sont celles qui tournaient autour des mêmes thèmes.
En voici la liste :
- ne pas être maître de ma vie ;
- avoir des parents qui ne me comprennent pas ;
- avoir des amis sur lesquels on ne peut pas compter ;
- être rejeté(e) par un groupe ;
- les garçons et les filles de mon âge qui veulent me faire faire des choses que je ne veux pas ;
- l'hypocrisie chez les adultes ;
- ne pas avoir d'argent, et aucun moyen de m'en procurer ;
- ne pas avoir de moyen de transport personnel ;
- être angoissé(e) au sujet de mon avenir ;
- m'inquiéter au sujet de mes notes ou de mes amis ;
- ne pas avoir confiance en moi ;
- mon manque de dynamisme.

Ces dix lois peuvent vous permettre, tout simplement, de vous sentir bien dans votre peau. Voici donc l'essentiel de ce livre : la possibilité d'accéder à la vie que vous désirez.

Dans l'ouvrage que j'évoquais à l'instant, *Seul Maître à bord*, mon père a clairement défini dix grandes lois de la vie, fondées sur ses nombreuses années d'expérience professionnelle.
Tout ce qui arrive dans la vie d'un individu dépend de la manière dont celui-ci applique – ou non – ces lois.
Voici ces dix lois, telles qu'il les a formulées :

1. Il y a ceux qui comprennent, et il y a les autres.

2. Nous créons notre propre expérience.

3. On fait ce qui nous satisfait.

4. On ne peut pas changer ce qu'on ne s'avoue pas.

5. La vie récompense l'action.

6. La réalité n'existe pas, seule compte la perception qu'on en a.

7. On gère sa vie, on ne la subit pas.

8. Nous apprenons aux autres la manière de nous traiter.

9. Pardonner, c'est retrouver du pouvoir.

10. Il faut savoir formuler avant de demander.

Ces dix préceptes vous permettront de décider de votre vie. Peut-être pensez-vous : "Il lui a fallu toutes ces années pour aboutir à ces dix lois ! Elles n'ont pas l'air très amusantes…" ? Eh bien, elles n'ont pas été conçues dans ce but, mais elles sont en revanche d'une efficacité incontestable. Et c'est en les comprenant et en les suivant que vous pourrez réussir.
Réussir quoi ?
Ce que vous souhaitez. Une relation amoureuse, une amitié ou de meilleurs rapports avec vos parents. Une plus grande liberté. Et bien d'autres choses encore.

Soyez réaliste

Il est capital de garder le sens des réalités, nous ne vivons pas dans un monde idéal.

Nous nous trouvons dans cet état intermédiaire où, si nous tenons par-dessus tout à notre indépendance, nous ne sommes pas toujours mécontents d'être dépendants. L'exemple de Clara, je crois, illustre bien cet état qui est typique chez les adolescents. Cette petite scène familiale vous semble familière ? Je suis sûr que ce petit tableau se répète, sous différentes formes, un peu partout dans le monde des adolescents.
Nous avons tous des exigences précises – ce qui est normal – ; nous voulons être libres de faire ce que nous voulons, d'aller où bon nous semble, mais il faut cependant être réaliste et admettre qu'il est tout de même commode d'avoir ses parents sous la main quand on a besoin d'eux, ne serait-ce que lorsqu'on est à court d'argent ou quand on a besoin d'un moyen de transport...

Reconnaître que c'est grâce à eux que nous avons un toit, de quoi manger, des vêtements et bien d'autres choses.
Avec le recul, je suis content d'avoir eu des parents qui se soient occupés de moi et je suis bien conscient de ce que cela représente.

Il faut regarder la réalité en face : vous êtes en pleine période de transition. C'est une période difficile, où l'on a souvent l'impression de ne pas savoir où l'on est, ni qui l'on est. On se sent perdu(e), sans motivations réelles.
On veut certes réussir en classe, avoir de meilleurs rapports avec ses parents et ses professeurs, donner une bonne impression aux autres, et se positionner au mieux pour affronter plus tard le marché du travail, mais on ne sait pas comment s'y prendre. Vous êtes en fait à l'aube d'une nouvelle vie et les changements qui vont se produire vont bouleverser votre existence avec une rapidité foudroyante.

"Je n'ai pas honte de l'avouer : je désire une vie satisfaisante, dans tous les sens du terme. Je veux certaines choses que je ne possède pas encore, je veux également plus de liberté.
Et je veux enfin me sentir bien, me sentir heureux(euse) de la vie qui est la mienne, heureux(euse) de ce qu'elle m'apporte. J'attends aussi beaucoup de ma vie d'adulte. Je n'ai pas envie de la rater.
Et je suis bien conscient(e) d'une chose : cette vie d'adulte reposera sur le socle que je suis en train de bâtir dès maintenant. Cette vie future dépendra étroitement de ma vie présente."

Entre nous...
Soyons honnêtes. Nous voulons être indépendants, adultes, mener les choses à notre guise, mais il y a seulement deux ou trois ans, cette même chambre que nous désirons quitter aujourd'hui abritait encore nos jeux d'enfant.

Votre vie n'est pas un film. Vous comme moi devons affronter les mille et un problèmes de la réalité quotidienne. Tous les jours, nous devons nous lever, prendre le bus ou le métro, aller en cours. Nous nous heurtons parfois à nos parents. Tout cela, c'est du réel.

Certains jours, vous penchez encore du côté de l'enfance, et, à d'autres moments, vous vous sentez déjà un(e) adulte.

Chez Clara, samedi, 13 h 05

"Écoute, Maman, je ne suis plus un bébé ! J'ai 15 ans, lâche-moi un peu ! Laisse-moi vivre. J'en ai assez de t'avoir tout le temps sur le dos..."

Plus tard, le même jour, à 18 h 15

"Maman, il faut absolument que tu me conduises au supermarché. J'ai besoin de 10 €, je n'ai plus de mascara. Est-ce que tu peux me préparer quelque chose à manger ?... Je meurs de faim. Dépêche-toi, Maman ! Je vais encore être en retard. Au fait, tu veux bien me prêter tes boucles d'oreilles ?"

C'est la raison pour laquelle je voudrais que ce livre puisse vous être utile aussi bien maintenant que plus tard. Je voudrais qu'il vous permette d'obtenir ce dont vous avez envie actuellement, mais également qu'il vous aide à mettre en place votre avenir, en fonction de ce que vous souhaitez.

Pour arriver à cela, il faut que vous vous concentriez sur les choses que vous avez le pouvoir de modifier, et que vous cessiez de vous lamenter sur celles que vous ne pouvez pas changer. Par exemple, il n'est pas en votre pouvoir de vieillir d'un coup de trois ou quatre ans, de devenir brusquement adulte. Il ne faut pas, non plus, au stade qui est le vôtre, rêver de choses impossibles telles que vivre dans une luxueuse villa sur la Côte d'Azur et avoir un yacht qui vous attend devant chez vous ou encore changer vos parents.

En revanche, vous pouvez déjà tout à fait entreprendre des actions qui sont à votre portée, là même où vous vous trouvez. On se trouve là dans le domaine du possible, du faisable.

On peut s'épanouir, réussir là où l'on est. Inutile de chercher ailleurs pour le moment.

On peut réussir sa vie, ici et maintenant.

Ne perdez plus de temps !

Ce livre n'est pas le fruit du hasard. Il représente pour moi une mission qu'il fallait que j'accomplisse. En effet, au départ, c'est mon père qui était supposé l'écrire. Mais j'étais présent un jour où il parlait du projet avec son éditeur. C'est alors que, appliquant sa loi n° 5 ("La vie récompense l'action"), j'ai décidé d'intervenir. "Une seconde ! ai-je dit, vous avez un nouveau projet avec Papa. J'aime mon père et je ne le remets pas en question. C'est ce projet de livre que je conteste. Ce n'est pas à lui de l'écrire, mais à moi. Je ne suis pas particulièrement idiot, mais j'ai mis des années à bien assimiler les dix lois qu'il a formulées dans *Seul Maître à bord*. Or, quand on a entre quinze et vingt ans, on n'a pas de temps à perdre. Je suis arrivé à comprendre ce que mon père a écrit, et je peux transmettre le message à ceux qui ont mon âge ou aux plus jeunes.
Certes, je ne possède pas la panoplie de diplômes de mon père, mais cela ne m'empêchera pas d'exprimer ses idées avec mes mots à moi. Et je me fais fort de les exprimer bien plus clairement que lui, parce qu'il a oublié comment on est à notre âge, et comment on s'exprime."
Et j'ai insisté : "Laissez-moi faire ce livre. Car si ce n'est pas moi qui l'écris, il risque de passer au-dessus de la tête de ceux à qui il s'adresse.
Moi, je trouverai les mots, les situations, les exemples, etc. Et les jeunes me comprendront mieux parce que nous sommes de la même génération et que nous avons les mêmes problèmes. Laissez-moi leur dire qu'il existe des solutions à leur situation qui est loin d'être simple. Laissez-moi leur expliquer que la réussite ne vient pas toute seule, mais que l'on peut atteindre ses buts à condition de connaître les règles du jeu.
Et surtout, permettez-moi de leur faire savoir qu'il n'est pas trop tard, qu'il est encore temps pour eux de progresser, de trouver leur vraie personnalité."

Maintenant que le livre existe, j'espère avoir réussi mon pari. Quand vous en aurez terminé la lecture, vous comprendrez que, en dépit de tous les obstacles, de toutes les entraves, vous n'êtes pas un(e) simple passant(e) dans la vie.
Et, lorsque vous serez arrivé(e) à la fin de ce livre, vous serez stupéfait(e) de constater l'étendue des possibilités qui sont les vôtres.

Cessez de vous croire victime

Vous n'êtes ni victime ni prisonnier(ère), en dépit de votre situation de dépendance par rapport à votre famille. Vous disposez, pour l'instant sans le savoir, d'un pouvoir phénoménal qui vous permettra de faire les choix décisifs qui détermineront la suite de votre vie.

Un de mes professeurs répétait tout le temps : "Il faut que tu t'épanouisses là où tu as pris racine." Ce genre de conseil me semblait idiot, mais j'ai compris par la suite qu'il avait raison.

La réussite ne vient pas toute seule, mais l'on peut atteindre ses buts à condition de connaître les règles du jeu.

Un dernier mot : il faut que vous sachiez qu'il y a bien des façons d'être maître de sa vie, même si vous n'en êtes pas encore conscient(e).
C'est pourquoi vous pourrez, grâce à ce livre, accéder à un niveau de confiance et d'indépendance que vous n'auriez jamais cru pouvoir atteindre.
Vous ferez montre d'une telle assurance que personne ne pourra plus vous intimider comme par le passé.
Vous découvrirez bientôt les forces qui sont en vous, grâce auxquelles vous pourrez vous sortir de n'importe quelle situation, aussi difficile soit-elle.
Enfin, vous découvrirez également en vous les outils qui vous permettront de faire les bons choix, vos propres choix.

Si ce programme vous tente, alors n'hésitez pas. Vous trouverez ici tous les moyens nécessaires pour vivre une vie meilleure. D'accord ? Bon, eh bien, allons-y ! Vous allez voir, ça décoiffe !

En avant !

En avant !

"Le secret de la réussite consiste à savoir quelque chose que personne ne sait encore." Aristote Onassis

DANS L'INTRODUCTION, JE VOUS AI FAIT UN CERTAIN NOMBRE DE PROMESSES. C'EST MAINTENANT À VOUS DE FAIRE EN SORTE QU'ELLES DEVIENNENT RÉALITÉ.

Qu'est-ce que les lois de la vie et pourquoi vous sont-elles nécessaires ?

Pour commencer, permettez-moi un petit avertissement amical : la lecture de ce livre ne doit pas constituer une expérience passive. Il ne s'agit pas d'assister à l'un de ces cours ennuyeux au cours desquels on a tendance à s'endormir. Ce livre va réellement changer votre vie. Il y aura un "avant" et un "après".
Ne vous contentez pas d'en feuilleter distraitement les pages, pour oublier immédiatement ce que vous venez de lire. Concentrez-vous !

Je vous précise cela car, pendant longtemps, je n'ai moi-même pas pris au sérieux les dix lois de la vie formulées par mon père. Je les trouvais certes intéressantes, mais elles n'avaient pour moi aucune réalité. Les vraies lois étaient, par exemple, celles du Code de la route ou bien les lois physiques telles que celle de la gravité, des lois dont le non-respect entraîne inévitablement des conséquences.
Ainsi, si vous ne vous arrêtez pas à un "stop", vous risquez une amende, assortie d'un retrait de deux points sur votre permis de conduire. Plus grave : si vous sautez du dixième étage d'un immeuble, vous vous écraserez au sol.
Ce que je n'avais pas compris, à l'époque, c'est que ces dix lois de la vie sont, elles aussi, bien réelles. Ne pas les considérer comme telles est une grosse erreur !
Aujourd'hui, je sais que, si on les enfreint, il y a un prix à payer, tout comme lorsque l'on commet un crime ou un délit.

Pour résumer, si vous transgressez les lois de la vie, vous récoltez tout simplement ce dont vous ne voulez pas et, inversement, vous n'obtenez pas ce que vous désirez.

Les dix lois de la vie : mode d'emploi

Il n'y a rien de plus frustrant que d'essayer de jouer à un jeu dont on ne connaît ni les règles, ni les qualités nécessaires pour y jouer, ni le but à atteindre.
Ce que je voudrais, c'est vous aider à jouer comme un champion. Pour cela, il faut évidemment vous familiariser avec les règles. Comme je vous le disais plus haut, mon livre est fondé sur celui de mon père, intitulé *Seul Maître à bord*. Peut-être ne suis-je pas totalement objectif, mais ma conviction est que c'est un grand livre. Un grand livre surtout pour ceux qui sont âgés d'environ quarante ans, mariés, et ont 2,2 enfants, un chien et une carrière professionnelle.
Mais si vous avez entre quinze et vingt ans, ce n'est pas vraiment l'ouvrage qu'il vous faut, parce qu'il n'a pas été écrit, au départ, pour votre tranche d'âge. Cependant, je me suis aperçu que les dix lois de la vie qui y sont énoncées étaient parfaitement applicables à nous autres, les jeunes.

Cela signifie que, si vous voulez gagner ce jeu, le grand jeu de la vie, il faut que vous en compreniez les règles et que vous sachiez ce qui arrivera si vous ne les suivez pas. *Seul Maître à bord* énonçait ces règles. Je vous en propose ici une "traduction", qui vous permettra de les assimiler plus rapidement. Voici donc à nouveau ces dix lois de la vie, avec leur signification :

1. Il y a ceux qui comprennent, et il y a les autres.
Supprimez le mot "perdant(e)" de votre tête.
2. Nous créons notre propre expérience.
Devenez la superstar de votre propre vie.
3. On fait ce qui nous satisfait.
Comprenez les raisons qui sous-tendent vos actions, même les plus étranges.
4. On ne peut pas changer ce qu'on ne s'avoue pas.
Prenez conscience de vos points faibles et dressez une liste de choses à faire pour vous améliorer.
5. La vie récompense l'action.
Alors, qu'attendez-vous pour bouger ? Assez perdu de temps !
6. La réalité n'existe pas, seule compte la perception qu'on en a.
Ouvrez les yeux et faites le point.
7. On gère sa vie, on ne la subit pas.
Ne vous endormez pas au bord de la route. (Agissez !)
8. Nous apprenons aux autres la manière de nous traiter.
Vous n'êtes pas un paillasson !
9. Pardonner, c'est retrouver du pouvoir.
La meilleure façon de vous libérer de ce qui vous étouffe.
10. Il faut savoir formuler avant de demander.
"Je sais ce que je veux, et je le veux tout de suite !"

Les dix lois de la vie

1. Il y a ceux qui comprennent, et il y a les autres.
2. Nous créons notre propre expérience.
3. On fait ce qui nous satisfait.
4. On ne peut pas changer ce qu'on ne s'avoue pas.
5. La vie récompense l'action.
6. La réalité n'existe pas, seule compte la perception qu'on en a.
7. On gère sa vie, on ne la subit pas.
8. Nous apprenons aux autres la manière de nous traiter.
9. Pardonner, c'est retrouver du pouvoir.
10. Il faut savoir formuler avant de demander.

La vie n'est autre qu'une sorte de jeu complexe, aux règles bien établies et exigeant certaines compétences, comme dans n'importe quel jeu de société.

Si vous êtes celui (celle) qui subit, vous suivez plutôt les 10 lois de la vie du perdant (de la perdante) !

Les 10 lois de la vie du perdant (de la perdante)

1. Vous improvisez votre existence au fur et à mesure.
Il n'y a pas de règles qui régissent votre vie.

2. Tout est écrit à l'avance.
Vous ressemblez à ceux qui consultent leur horoscope dans le journal pour savoir de quoi sera fait leur futur.

3. Le sort s'acharne contre vous.
L'art et la manière d'ignorer superbement la véritable cause de vos ennuis.

4. Le problème n'est pas là.
Ou comment ne pas changer en évitant de regarder ses problèmes en face.

5. Patience, tout finira par s'arranger.
Croiser les bras en attendant des jours meilleurs. .../...

Quelles que soient vos ambitions actuelles ou futures, ce livre est pour vous. Même si, au départ, l'énoncé de ces dix lois peut vous paraître quelque peu abstrait, vous vous rendrez vite compte d'une évidence : ces règles régissent le moindre aspect de notre vie quotidienne.
Vous comprendrez alors pourquoi vos parents vous permettent de faire telle chose et vous interdisent telle autre.
Vous saurez pourquoi, certains jours, vous vous sentez mal dans votre peau, pourquoi vous êtes déprimé(e).
Vous découvrirez les raisons pour lesquelles certains de vos camarades vous traitent comme si vous n'existiez pas, ou pourquoi vous ne supportez pas tel ou tel professeur.
Vous apprendrez naturellement à gérer ces problèmes. Vous contrôlerez la situation.

Si vous choisissez de les ignorer, vous vous priverez de ce à quoi vous avez droit, car on ne peut réussir son existence si l'on n'a aucune notion de ces lois fondamentales.

Prenez donc le temps de les comprendre, de les apprendre et de les assimiler ; faites-les vôtres, adaptez vos choix, votre conduite, en fonction d'elles. Le succès sera au bout du chemin.

Ces dix lois de la vie vous feront découvrir que vous possédez en vous la capacité d'aller plus loin, d'atteindre des objectifs plus élevés. Elles vous feront prendre conscience, par exemple, que le véritable pouvoir ne se limite pas à envoyer son poing dans la tête de quelqu'un, que le vrai plaisir ne passe pas par la drogue. Elles vous aideront à reconnaître ce qu'est l'affection.

De la même façon que vous avez appris à lire, à écrire, à faire des additions, des soustractions et des multiplications, vous allez maintenant apprendre à jouer à un nouveau jeu, qu'il s'agit de gagner, car c'est celui de la vie.

Branchez-vous sur le système

Peut-être êtes-vous plutôt sceptique de nature, et vous n'avez pas tort. C'est pourquoi vous allez sans doute me dire : "Si ces lois sont à ce point importantes, comment se fait-il que je n'en ai jamais entendu parler jusqu'à présent ?"
Il se peut que vous ayez rencontré, à un moment ou à un autre, quelques-uns des principes qui composent ces lois, mais vous ne les avez certainement pas trouvés réunis.

Nul n'a vraisemblablement jamais pris la peine d'établir avec vous une "stratégie" de vie. Ce n'est pas votre faute si vous n'avez pas de stratégie de vie. C'est le cas de la plupart des gens !
On entend parler de stratégies plutôt à propos d'opérations militaires ou politiques, rarement dans une optique de vie personnelle. Personne, jusqu'à ce jour, n'a évoqué avec vous les raisons pour lesquelles nous nous comportons comme nous le faisons, ni la façon de gérer les émotions qui parfois nous submergent. En fait, vos parents et vos professeurs n'ont jamais abordé ces fameuses lois de la vie avec vous, pour la simple raison qu'on ne leur en a jamais parlé.

On vous a certes raconté en long et en large les grandes batailles napoléoniennes, mais on ne vous a jamais dit comment faire face à une situation conflictuelle classique : par exemple, quoi faire lorsque vos parents sont furieux contre vous.
En classe, on a passé des heures et des heures à vous apprendre l'algèbre, mais on n'a jamais évoqué le sentiment que l'on ressent lorsqu'on entend les autres rire dans son dos.
En biologie, on vous a fait apprendre le nom scientifique de dizaines d'espèces animales ou végétales, mais on ne vous a jamais proposé la liste des choses à faire lorsque l'on perd confiance en soi.
Vous a-t-on jamais enseigné la façon d'être mieux entendu, mieux compris par ses parents ? la façon de dominer sa colère, de rester maître de soi, de gagner son indépendance ?

Il va s'agir pour vous d'accéder à une nouvelle manière de vivre où vous serez bien plus lucide, bien plus indépendant(e). Ne croyez pas que les grands choix de la vie se font après les études. Ils doivent se faire dès à présent. C'est maintenant le moment idéal pour vous forger une stratégie de vie. C'est maintenant qu'il faut jeter les fondations sur lesquelles reposera votre vie future. Le temps est venu de vous défendre et de défendre la personnalité en développement qui est la vôtre. Les plus grandes batailles que vous allez avoir à mener se feront sur le terrain des parents, des enseignants et des camarades de votre âge. Ces batailles se dérouleront en vous.

.../...

6. La vie est ainsi !
Ou comment subir ce que l'on n'a pas souhaité.

7. Une fois que l'on a obtenu ce que l'on voulait, pas la peine de se fatiguer.
Ou la manière de se laisser aller en roue libre sur une pente descendante.

8. Les gens sont comme ils sont.
Ou comment accepter de poursuivre des relations minables.

9. Vous ruminez votre rancune.
Vous en voulez à quelqu'un et rien ni personne n'y changera rien.

10. La chance finira par vous sourire.
Ou comment vivre en attendant un miracle.

Oubliez ces lois qui passent à côté de la vie. Commencez dès maintenant à vivre selon les 10 "vraies lois", les lois de la vie, qui vous conduiront sur la route de la réussite.

“Je n’ai jamais mélangé l’enseignement scolaire et l’éducation personnelle.” Mark Twain

Les possibilités qui sont les miennes

Commencez par répondre aux questions suivantes :
1. Quelle est la personne au monde avec laquelle vous aimeriez passer une journée ? Pourquoi ?
2. Quelles sont les qualités que vous admirez le plus chez cette personne ?
3. Par quel moyen pourriez-vous acquérir vous-même ces qualités ?
Envisagez un instant que vous possédez toutes les qualités que vous avez mentionnées. Respirez profondément, faites le calme dans votre esprit et imaginez ce que vous pourriez alors ressentir. Quel effet cela vous ferait-il de pouvoir réaliser vos rêves, d’œuvrer pour qu’ils deviennent ainsi réalité ? Comment vivriez-vous la certitude de pouvoir exploiter totalement votre potentiel ?

Commencez par vous demander ce que vous voulez dans la vie

Ce livre n’a pas pour but de vous proposer un plan de carrière. Il répond simplement aux questions quotidiennes qui sont les nôtres depuis que nous ne sommes plus des enfants.
L’important est de savoir ce que l’on veut. Si vous n’en avez aucune idée, si vous ne savez pas ce que vous voudriez inclure ou, au contraire, exclure de votre vie, il est pratiquement impossible d’élaborer un quelconque projet et de le mener à bien. Vous devez vous promettre d’avoir des exigences allant dans le sens d’une vie plus satisfaisante pour vous.
Il s’agit, en bref, de se décider à vouloir.

Avez-vous oublié vos rêves les plus chers ? Dans les chapitres qui suivent, vous allez être amenés à avoir une vision claire de ce que vous voulez être et de la manière d’y parvenir. Mais dès à présent, vous devez vous faire une petite idée sur ce sujet.
Le petit exercice que je vous propose dans la colonne de gauche – le premier d’une série variée – va vous permettre d’en savoir plus sur vous-même.

N'hésitez pas à prendre des risques raisonnés

Vous devez encore vous promettre une dernière chose : accepter de changer. Même si ce n'est pas aussi simple que cela.
Les adultes aiment à répéter que l'adolescence est le temps des expériences. Mais nous savons bien que ce n'est pas tout à fait exact.
En fait, il existe deux types d'expériences.

• **Le premier type** nous est familier car nous avons tous essayé – ou du moins nous connaissons tous quelqu'un qui l'a fait – l'alcool, le sexe, la drogue, etc.
Certains ont expérimenté les tatouages, le piercing ; d'autres ont fugué…

• **Le second type** d'expériences concerne les décisions importantes que nous pouvons être amenées à prendre et qui auront des répercussions profondes sur notre vie personnelle. On fait alors preuve de beaucoup moins d'enthousiasme lorsqu'il s'agit de prendre des risques pour améliorer notre qualité de vie.
La peur de l'inconnu ou des difficultés nous empêchent d'agir, de prendre des décisions.
On se contente d'être ce que l'on est, par crainte de l'échec ou du jugement des autres.

Dès à présent, dites-vous qu'il n'est pas question que vous en restiez là, mais que vous allez progresser. Ce livre est là pour cela. Ne le feuilletez pas de façon superficielle. Plongez-vous dans la lecture en vous disant : "Je vais me secouer. Je ne vais pas seulement me dire qu'il faut que j'aille plus loin, je ferai tout pour y arriver, en changeant ma façon de penser, de sentir, d'agir."

Si vous voulez réellement vous démarquez du lot – quelle que soit la voie que vous avez choisie –, il faudra vous battre pour y parvenir. Vous découvrirez alors que ce ne sont peut-être ni vos parents ni vos professeurs qui vous en empêchent, mais bien vous-même.

Ne vous cherchez pas des excuses

Repensez un instant aux excuses que vous avez pu vous donner pour éviter un changement qui risquait de vous déranger :
• "Finalement, je ne m'en sors pas trop mal."
• "J'ai bien le temps de me préoccuper de tout cela."
• "Je n'ai pas moins de problèmes que les autres garçons ou filles de ma classe."
• "Je n'ai pas le temps. Je suis déjà assez occupé(e) avec mes cours, le sport et mes amis."
• "Si je change, mes amis ne vont plus me reconnaître. Ils n'apprécieront peut-être pas le changement."
• "Je me débrouille aussi bien que la moitié de la classe."
• "Tous ceux qui m'ont conseillé de changer seraient trop contents !"
• "J'essaie, mais c'est vraiment difficile."
• "Je n'y peux rien, je suis comme cela."

Toutes ces excuses, tous ces alibis n'aboutissent qu'à une chose : vous empêcher de découvrir votre vraie personnalité, de vous épanouir.

Pour se préparer à ce voyage, il s'agit avant tout d'être déterminé(e) à voyager.

Les lois de la vie que vous allez découvrir vous propulseront en avant de telle manière que vous aurez l'impression de laisser tous les autres sur place.
Mais – je n'hésite pas à le répéter – c'est à vous d'agir, à vous de prendre un risque raisonné et d'abandonner la rigidité qui caractérisait jusqu'alors vos pensées, vos sentiments et vos actions.
Il se peut que les transformations qui modifieront votre vie ne se produisent que lentement, mais qu'importe.
Vous devez vous rendre compte que, aussi modestes soient-elles, les améliorations que vous allez connaître orienteront à jamais votre vie.

Que risquez-vous dans cette aventure ? Vous restez libre de vos choix. Mais dès que vous aurez compris les lois de la vie, vous ne voudrez à aucun prix revenir en arrière, vers votre ancien "moi".

Alors, allons-y !

Loi n°1 :

"Il y a ceux qui comprennent, et il y a les autres."

Il y a ceux qui comprennent, et il y a les autres

"Je pense que, dans le monde, il existe un marché pour, au plus, cinq ordinateurs." Thomas Watson, président d'IBM (1943)

Pourquoi en est-il ainsi ?

- Pourquoi la fille la plus brillante du lycée est-elle, justement, considérée comme telle ?
- Pourquoi tel sportif est-il si souvent vainqueur, et d'où vient cette détermination à gagner ?
- Comment se fait-il que certains jeunes soient si naturellement attirants que chacun ait envie de les connaître, de les fréquenter ?

Ces gens-là sont-ils plus doués que vous ? Possèdent-ils des gènes que vous n'avez pas ? Bien sûr que non !

CETTE PREMIÈRE LOI VA VOUS PERMETTRE DE DÉCOUVRIR ET D'UTILISER VOTRE CAPACITÉ À TRANSFORMER VOTRE VIE. APPRENEZ LES RÈGLES DU JEU POUR NE PAS RESTER SUR LA TOUCHE ET POUR POUVOIR ACCÉDER À CE QUE VOUS DÉSIREZ ET À CE DONT VOUS AVEZ BESOIN. IL EST TEMPS DE COMMENCER À GAGNER. DEVENEZ L'UN DE CEUX QUI COMPRENNENT.

Pourquoi avez-vous intérêt à suivre cette loi de la vie ?

Emma, une de mes amies de lycée, ne supportait pas la cantine scolaire. Au moins une fois par semaine, elle s'éclipsait de l'établissement et allait déjeuner dans un fast-food en ville. Or, chaque fois qu'elle revenait de sa petite escapade, le directeur la prenait sur le fait et lui infligeait une retenue.

Évidemment, Emma était furieuse à cause de la punition, mais elle s'obstinait dans ses absences, se disant que la prochaine fois elle ne se ferait pas prendre. En quoi elle se trompait… À la fin du trimestre, elle avait récolté vingt et une retenues.

Pourquoi en est-il ainsi ? Pour quelles raisons ?

Cela mérite réflexion. Pourquoi, en effet, certains individus réussissent-ils ce qu'ils entreprennent, tandis que d'autres, comme Emma, échouent et semblent n'avoir aucune idée de la façon de mieux faire ?

Allons plus loin, si vous le voulez bien.

Prenons le cas de Nathan et d'Arthur.

Le premier est en situation d'échec scolaire, alors que le second est un élève brillant. Alors, comment se fait-il que tous deux obtiennent la même note au test d'intelligence générale, qu'ils aient le même QI ?

Autre exemple : Léa et Audrey.

Léa n'est jamais en manque de copains, tandis qu'Audrey, pourtant bien plus jolie, bien plus vive que Léa, ne réussit pas à avoir une relation durable.

Autre exemple encore : celui de Kevin, qui a été maltraité dans son enfance, et de Flora, qui vient d'un milieu défavorisé. Alors, comment se fait-il que ces deux-là aient réussi à s'en sortir, alors que Greg, qui est issu d'une des plus riches familles de la ville, est un vrai perdant ?

La réponse est claire : ils ont eu l'intelligence de redescendre sur terre pour observer la manière dont fonctionne le monde.
Ils ont décidé d'aller de l'avant, d'éliminer les comportements négatifs qui ne les conduisaient nulle part, et ils sont arrivés à comprendre ce qu'il fallait faire pour parvenir à leurs fins.
Ils ne passent pas leur temps à ressasser leurs problèmes, ils ne se cherchent pas d'excuses quand ils n'arrivent pas à ce qu'ils veulent, ils ne s'emportent pas et ne se lamentent pas sur les difficultés de la vie.
À l'inverse, ils ont fait l'effort de modifier leur vie en rassemblant un certain nombre d'informations, en élaborant un plan, en mettant en pratique leurs compétences.

En un mot, ils ont "compris". Ils ont pris conscience qu'il existait certainement une méthode permettant de se retrouver en tête du peloton. Ils ont pris le temps de l'étudier. Ils ont compris qu'apprendre à naviguer le long des méandres de la vie nécessite un apprentissage, tout comme lorsqu'on veut apprendre à conduire une voiture ou à piloter un avion.
Pour eux, il a toujours été clair qu'il fallait aller plus loin, que, s'il existait bien une méthode, il fallait l'appliquer de façon à en tirer tous les bénéfices possibles.
Pour vous, c'est exactement la même chose. Vous devez découvrir cette méthode et la mettre en pratique. C'est ainsi que vous pourrez obtenir ce que vous désirez.

Trop simple pour être vrai ?

Il suffirait donc de suivre un certain nombre de règles ? Sans doute avez-vous envie de me répondre : "Vous ne savez pas de quoi vous parlez. La vie est faite d'inquiétudes, d'angoisses, de problèmes, d'absurdités, avec des parents qui ne comprennent rien, des professeurs plus ou moins tyranniques, des amis qui parfois vous trahissent..." Pourtant – je le répète – tout ce qu'il vous reste à faire se résume en une phrase : comprendre les règles et les mettre en pratique.

Ce n'est pas le hasard qui fait la réussite. Et la liberté, l'indépendance, la réussite, et même le bonheur ne s'obtiennent pas en claquant des doigts.

Essayez de dresser la liste de ceux qui, autour de vous, ont "réussi". Si leur vie est une réussite, c'est parce qu'ils ont refusé certains comportements qui les auraient desservis. Ils ont choisi d'agir de façon à obtenir ce qu'ils veulent.

Trouver la marche à suivre

Voici un exemple qui vous montrera comment fonctionne le système.

Histoire de notes

Les garçons et les filles qui "ont compris" savent que l'estime et la confiance que leur accorderont leurs parents et leurs professeurs sont en grande partie fonction des notes qu'ils obtiendront en classe. Plus brillantes seront leurs notes, plus grande sera la considération dont ils jouiront.
Avoir de bonnes notes est donc une façon d'obtenir plus de liberté, plus de responsabilités dans sa vie.
Là est le point important : ceux qui ont "compris" savent que telle sera la réponse à leurs bonnes notes.
C'est une réalité qu'ils ne contestent pas, mais, au contraire, qu'ils utilisent à bon escient.

Quand j'avais quatorze ou quinze ans, je n'avais pas "compris" cela. Mes notes étaient catastrophiques. Lorsque le bulletin scolaire arrivait, toutes les six semaines, mon père me faisait asseoir dans le salon, et j'avais droit à un nouveau sermon :
"Mais comment peux-tu obtenir des notes pareilles, Jay ? Tu ne veux pas travailler ? Que se passe-t-il ? Tu n'as pas envie d'apprendre ? Pourquoi ne fais-tu pas un effort ? Est-ce que tu te rends compte qu'aux yeux de tout le monde, tu passes pour un nul ? Ça ne te gêne pas ? Ce qui me sidère, c'est que tu n'aies pas la soif d'apprendre..."
Ce discours sur la "soif d'apprendre", je dois l'avoir entendu des centaines de fois ! Je répondais chaque fois à mon père que j'allais mieux faire, que j'allais travailler dur... Mais dès que je me retrouvais dans ma chambre, je m'allongeais sur le lit et contemplais le plafond pendant des heures. Apparemment, je ne voulais pas comprendre. Je préférais sortir avec mes copains, faire du sport, etc. L'histoire classique !
Étais-je pour autant plus heureux ? Cette existence insouciante faisait-elle de moi un être épanoui ? Eh bien, non. Je ressentais en permanence une vague culpabilité, une inquiétude diffuse. Et puis un jour, heureusement, j'ai réagi. J'ai brusquement pris conscience que j'étais en train de saboter mon propre avenir ! Mais j'aurais pu m'éviter bien des problèmes et avoir une vie plus satisfaisante si je m'étais réveillé plus tôt.

Mon exemple n'est certainement pas unique. Bon nombre de jeunes n'ont sans doute jamais pris le temps de découvrir la bonne méthode. Certains se laissent vivre et se disent qu'ils verront plus tard, quand ils seront adultes.
D'autres refusent d'être jugés en fonction de critères aussi limités

qu'un carnet scolaire et ne veulent pas se laisser imposer des règles de conduite.
Mais là n'est pas la question ! Je ne me situe pas sur un plan moral, il ne s'agit pas de savoir si cela est bien ou mal.

L'important est simplement d'atteindre ses objectifs. Si vous faites partie de ceux qui "ont compris", tout se passe comme si vous étiez le personnage principal d'un film – le film de votre propre vie –, un personnage qui agit et non qui subit.
C'est vous qui écrivez le scénario, qui le modifiez à votre idée, qui choisissez les autres personnages et qui décidez de la fin. Si vous êtes de ceux qui "ont compris", vous ne vous contentez pas de réagir en fonction des événements, vous construisez votre vie comme vous l'entendez.
Cette manière de mener sa vie peut vous sembler étrange, mais réfléchissez-y. Dans la vie, pour atteindre ses objectifs – même les plus anticonformistes –, il faut chercher la meilleure façon d'y arriver. Cela implique de comprendre les mécanismes de notre société, de saisir la règle du jeu.
Avez-vous envie de pratiquer un sport de haut niveau ? Voulez-vous devenir l'élève le (la) plus populaire de votre école ? faire partie d'un groupe ? avoir une vie passionnante ?
Il vous faut mettre au point votre stratégie.

Devenir gagnant(e)

Songez un instant à tout le temps que vous avez consacré à certaines activités au cours de votre existence. Les heures passées à vous amuser, à écouter vos morceaux de musique favoris, à regarder la télévision, à faire du sport...
En revanche, vous ne vous êtes certainement guère préoccupé(e) de comprendre le système qui régit la vie en société, ni n'avez réfléchi à la manière de faire pour y trouver votre place. Je ne suis pas en train de vous dire qu'il faille se consacrer entièrement à cette quête et y sacrifier tout le reste. Il s'agit de trouver le juste milieu. Il existe en effet une énorme différence entre celui (celle) qui vit au jour le jour en se débrouillant comme il (elle) peut, et celui (celle) qui prend le temps de comprendre qui il (elle) est, comment s'articule sa vie, celui(celle) qui sait prendre les initiatives nécessaires pour avancer. Ne vous est-il jamais arrivé de vous réveiller en pleine nuit en vous demandant où vous en êtes ?
Nous sommes tous passés par ces moments d'incertitude et d'anxiété où l'on a l'impression que personne ne nous comprend. Ces états-là disparaissent dès le moment où l'on "a compris". On cesse alors d'être un être anonyme, isolé, malheureux, sans énergie.
Réalisez-vous à quel point le fait de "comprendre" peut transformer votre vie ?

À qui s'adresse cette loi ?

Soyons clair : cette première loi de la vie ne s'adresse pas seulement à ceux qui ont l'intention de devenir des superstars. Elle concerne tous ceux qui estiment que le temps est venu, pour eux, de se ressaisir. Peut-être en faites-vous partie ? Elle est destinée à ceux qui pensent qu'il "faudrait faire quelque chose", qui aimeraient changer, mais qui ne savent pas très bien comment s'y prendre. Cette loi est faite pour ceux qui rendent les circonstances responsables de leur situation, mais n'ont aucune idée de celles qui leur seraient favorables. Elle concerne ceux qui éprouvent un tel ennui dans la vie qu'ils ont du mal à se supporter eux-mêmes.

"Il n'y a pas de raccourcis qui vaillent quand on veut aller quelque part." Anonyme

Votre avantage sur les autres sera indéniable, car la connaissance est synonyme de puissance.

Qu'il s'agisse de décrocher les meilleures notes possibles, de réussir à sortir avec telle fille ou tel garçon, ou encore d'obtenir ce petit emploi qui vous permettra de gagner de l'argent de poche, pensez aux atouts qui seront les vôtres si vous avez compris les règles du jeu.

Voici un exemple. Je possède une assez bonne maîtrise des jeux vidéo. Quand mon père se laisse persuader de jouer avec moi, il se fait systématiquement battre à plate couture. Il ne comprend pas le jeu et ne sait pas comment marquer des points, éviter les pièges… C'est tout juste s'il ne tient pas la console à l'envers et ses scores sont, bien sûr, catastrophiques. Pourtant, il est aussi rapide que moi, il a une bonne vue et il est loin d'être bête. Mais il n'a aucune notion de la stratégie du jeu.

Pour en revenir au grand jeu de la vie, si vous n'avez pas compris comment cela fonctionne, si vous n'avez pas repéré les rouages, les règles, vous n'êtes pas en bonne position.
Et dans la compétition qui vous oppose nécessairement aux autres, vous serez un(e) perdant(e). Parce que, parmi ces autres, il y en a qui "ont compris".

En résumé

- Ce n'est pas nul de savoir comment fonctionne le monde et comment obtenir ce que l'on veut.
- Ce n'est pas nul de trouver une solution qui permette de s'entendre avec ses parents.
- Ce n'est pas nul de trouver une solution qui permette de s'entendre avec ses professeurs.
- Ce n'est pas nul de savoir dire : "Non merci, ça ne m'intéresse pas" à ceux qui vous parlent de drogue, d'alcool, de sexe ou de choses qui vous semblent négatives ou pour lesquelles vous ne vous sentez pas prêt(e).
- Ce n'est pas nul d'avoir des amis différents.
- Ce n'est pas nul d'être passionné(e) par quelque chose, ou par quelqu'un, et de vivre complètement sa passion.

Les relations avec les autres

Ceux qui "ont compris" connaissent l'importance des relations avec les autres. Je sais que beaucoup d'entre vous ne s'en soucient guère et pensent qu'ils peuvent mener leur vie en solo.

À ce propos, laissez-moi vous raconter une histoire qui est arrivée à mon père quand il était jeune. Cet épisode m'a beaucoup appris sur la différence qui existe entre ceux qui comprennent et ceux qui ne comprennent pas.
Voici comment mon père évoque ce souvenir qui remonte à ses années de lycée :

À l'époque, je faisais mes études à Kansas City. Je travaillais le soir et je ne sortais pas avant deux ou trois heures du matin. À cette heure là, le monde apparaît bien différent de ce qu'il est dans la journée. Quand nous avions fini de travailler, les oiseaux de nuit que nous étions alors étaient prêts à toutes les bêtises.
Un de mes copains, qui travaillait aussi avec moi, possédait une Chevrolet Chevelle, une voiture puissante, de plus de quatre cents chevaux. Après le travail, nous aimions rouler à toute allure dans les rues désertes de la ville, cherchant un autre fou du volant prêt à parier une centaine de dollars sur une course.
Une nuit, pendant les vacances de Noël, deux passagers se joignirent à nous : un ami d'enfance, venu me rendre visite, et un copain du conducteur, que je n'avais jamais vu. En accord avec ma théorie de l'époque selon laquelle la stupidité est une vertu, nous roulions à plus de 160 km/h à travers les rues de Kansas City lorsqu'une voiture de police banalisée surgit derrière nous, collant son pare-chocs contre le nôtre. Mais si sa voiture était aussi rapide que la nôtre, le policier ne semblait pas avoir envie de faire la course et paraissait furieux ! Sans se donner la peine d'allumer son gyrophare ou d'appeler du renfort, il nous força à nous immobiliser puis descendit de voiture en claquant la portière si fort qu'il nous fit tous sursauter ! L'homme donnait l'impression d'être un géant, et il n'avait pas l'air commode.
En le voyant arriver vers nous, le copain du conducteur, pris de panique, sauta par la fenêtre arrière, tomba sur le trottoir la tête la première, puis s'enfuit à toutes jambes. Si l'agent était déjà énervé, sa fuite le mit en rage.
Nous avions non seulement enfreint la loi, mais en outre défié son autorité !
Le policier ouvrit brusquement la portière, empoigna le conducteur et le tira hors de la voiture, nous ordonnant de sortir également. Sans lâcher mon copain, le policier gronda : "Comment s'appelle le garçon qui vient de s'enfuir ? Je ne te le demanderai pas deux fois."
L'air renfrogné, mon copain rétorqua d'un ton ironique : "Eh bien, il s'appelle… Paul Dupont ! Pourquoi ?"

Que nous le voulions ou non, nous avons constamment affaire aux autres. Il est donc important de chercher à les comprendre, ne serait-ce que parce que l'on a souvent besoin d'eux. Quand vous aurez compris comment les gens réagissent, et ce qui détermine leur comportement, vous pourrez mettre à profit cette connaissance, pour vous-même et pour mettre votre stratégie au point.

"Il y a des moments dans la vie où il vaut mieux se taire, et celui-là en était un."

Je me souviens avoir pensé, à cet instant : "Mon vieux, tu n'as rien compris. C'était la dernière chose à dire." Le policier le frappa si fort, que j'eus l'impression que c'était mon nez qui était cassé !
Jusqu'à présent, tout ce que nous risquions, c'était de payer une amende ou de retrouver la voiture à la fourrière – ce qui, étant donné la tournure des événements, aurait été un moindre mal.
L'agent, qui, apparemment, n'aimait guère les formulaires administratifs, se tourna alors vers mon ami d'enfance (qui aurait sans doute tout donné pour être ailleurs). Il le saisit alors par le col et répéta sa question en le regardant droit dans les yeux : "Je ne te le demanderai pas deux fois : comment s'appelle le garçon qui vient de s'enfuir ?"
Mon ami ne connaissait naturellement pas le nom du fuyard, puisque c'était la première fois qu'il le voyait, mais il savait au moins ce qu'il ne fallait pas dire. Sur un ton respectueux, il répondit avec une sincérité désarmante : "Monsieur l'agent, je vous jure sur la tombe de ma mère (elle était bien sûr en vie et se portait comme un charme) que je ne connais pas le nom du garçon qui s'est enfui. Mais je suis absolument certain et je peux vous assurer qu'il ne s'appelle pas Paul Dupont !"
Malgré ma peur, je me dis alors : "Lui, il a compris. Nous allons peut-être nous en sortir." Je restais silencieux, laissant le policier réfléchir à la situation.
Mon père m'avait appris qu'il y a des moments dans la vie où il vaut mieux se taire, et celui-là en était un. L'un de mes amis n'avait apparemment rien compris et il s'était retrouvé au sol, avec deux yeux au beurre noir. L'autre avait compris, il était resté debout et sa vue était intacte. Toute la différence était là. Je peux vous assurer que nous n'avons plus jamais dépassé les 40 km/h à Kansas City.

Si vous voulez éviter ce genre de mésaventure, vous avez tout intérêt à apprendre les lois de la vie, et, pour commencer, à savoir ce qui motive les autres.

Pourquoi nous agissons comme nous le faisons ?

Pour arriver à comprendre quelqu'un, vous devez obtenir un certain nombre d'informations concernant sa personnalité.
De nombreux éléments déterminent le comportement des gens, mais on retrouve toujours les mêmes caractéristiques fondamentales chez la plupart des individus. Si vous les gardez à l'esprit dans vos relations avec autrui, celles-ci s'en trouveront facilitées, qu'il s'agisse des rapports avec vos professeurs, vos parents, vos amis, vos frères et sœurs...
Vous trouverez dans la colonne ci-contre les dix caractéristiques les plus marquantes. D'ores et déjà, sachez que, lorsque vous aurez terminé la lecture de cette liste, vous saurez ce que 99,9 % des gens ignorent.

La connaissance de ces traits de comportement, universels, peut vous faire avancer dans la bonne direction, celle qui vous conduira à devenir quelqu'un qui "a compris".

Reprenons, par exemple, la caractéristique n° 4 : "Tout le monde aborde chaque nouvelle situation en se demandant : 'Qu'est-ce que je vais en retirer ?'"
Si vous vous placez dans une situation de la vie courante, vous vous apercevrez en effet que les gens sont bien plus disposés à aller dans votre sens s'ils se sentent plus ou moins impliqués dans ce que vous leur proposez.

Quand vous demandez quelque chose à quelqu'un, il faut toujours faire ressortir l'intérêt qu'aurait cette personne à accepter.

Cela signifie-t-il pour autant que les gens sont tous des égoïstes ? Ce n'est pas ce que j'ai voulu dire. Tout ce que j'affirme, c'est que, si vous comprenez la manière dont les gens agissent et réagissent, si vous êtes conscient de leurs besoins, qui sont ceux de tous les êtres humains, alors vous saurez comment vous comporter pour atteindre vos objectifs. Ce sont là des données qu'il ne faut pas négliger si vous ne voulez pas courir à l'échec.

Les 10 caractéristiques fondamentales

1. La plus grande crainte de tout un chacun est d'être rejeté.
2. Le premier besoin de tout un chacun est d'être accepté.
3. On obtient beaucoup plus des gens avec un sourire qu'avec une grimace.
4. Tout le monde aborde chaque nouvelle situation en se demandant : "Qu'est-ce que je vais en retirer ?"
5. Tout le monde préfère parler de ce qui le touche personnellement.
6. Les gens n'entendent et n'assimilent que ce qu'ils comprennent.
7. Les gens accordent leur affection et leur confiance à ceux qui les aiment.
8. Les gens agissent souvent pour des raisons autres que celles qu'ils affichent.
9. Tout le monde a ses mauvais jours. Même les meilleurs d'entre nous.
10. Même si ce n'est pas Halloween ou Mardi gras, tout le monde porte un masque. Il s'agit de découvrir la personne qui se cache derrière ce masque.

"J'ai lu la théorie de la relativité du professeur Whitehead, mais je n'ai pas compris." Albert Einstein

Êtes-vous prêt(e) à comprendre ?

Si vous restez déterminé(e), et si vous appliquez les autres lois de la vie que vous allez bientôt découvrir, vous réussirez.
Vous n'avez pas besoin pour cela d'être le cerveau le plus brillant de la planète. Il vous suffit d'être tenace. Ne vous découragez pas devant les difficultés, mais continuez sur votre voie, pas à pas. Vous devez aussi avoir un projet nettement défini. Je ne parle pas de ces projets que vous avez probablement en cours, à l'école, chez vous ou ailleurs, mais de votre propre projet, celui qui consiste à avancer dans l'intelligence.

Si vous voulez vraiment comprendre "comment ça marche", il est temps de vous y mettre. Votre vie va changer, vous allez progresser. Mais, pour cela, vous allez devoir apprendre un certain nombre de choses, développer des qualités.
Les neuf lois de la vie qui vont suivre vous y aideront et vous permettront d'agir en conséquence.

Bravo ! Vous n'en êtes peut-être pas encore conscient(e), mais vous êtes sur le point de démarrer.
Vous avez pris le chemin de la vie. Vous allez bientôt commencer à rouler.

En résumé

- Il ne tient qu'à vous de faire partie de ceux qui "ont compris".
- Le monde, la société constituent un système. Si vous apprenez comment fonctionne ce système, vous aurez un gros avantage sur les autres.
- Ce n'est pas nul de vouloir une vie meilleure et de faire ce qu'il faut pour y parvenir.
- En apprenant et appliquant les lois de la vie, vous aurez toutes les chances de faire partie de ceux qui "ont compris".

Loi n°2 :
“Nous créons notre propre expérience.”

Nous créons notre propre expérience

“La vie vaut la peine d’être vécue puisque c’est nous qui la façonnons.” William James

Soignez votre image

Quand je dis que vous créez votre propre expérience, je fais référence au fait que, par votre apparence et votre attitude envers les autres, vous êtes responsable de l’image que vous offrez et de la réponse que vous obtenez en retour. Afin de mettre au point la stratégie qui vous permettra de vivre une vie meilleure, interrogez-vous donc sur l’image que vous donnez aux autres. Cette image va-t-elle dans le sens que vous souhaitez ? Ou bien est-ce le contraire ? Si vous le décidez, vous pouvez choisir de vivre et de vous présenter aux autres de façon différente. Ils réagiront alors différemment à votre égard.

CETTE LOI EST FONDAMENTALE POUR COMPRENDRE LE RÔLE QUI EST LE VÔTRE DANS L’ÉLABORATION DE VOTRE VIE. IL S’AGIT D’ACQUÉRIR LES OUTILS QUI VOUS PERMETTRONT DE PRÉSENTER AUX AUTRES LE PERSONNAGE QUE VOUS VOULEZ ÊTRE.

Pourquoi avez-vous intérêt à suivre cette loi de la vie ?

Anthony était l’un des garçons les plus grands et les plus forts de la classe et il en jouait de façon abusive. Roulant les mécaniques, il aimait faire étalage de sa force et se complaisait dans son rôle de macho. Sans doute pensait-il que cela lui permettait de se distinguer des autres et impressionnait son entourage. Il obtenait en fait le résultat inverse et, derrière son dos, chacun se moquait de lui, s’amusant à le parodier.
Loraine n’était pas mieux dans son genre. Quand vous discutiez avec elle, c’était la plus charmante fille qui soit. Mais dès que vous aviez le dos tourné, elle vous dénigrait sans pitié et, qui plus est, elle déformait la vérité et inventait des histoires. C’était la pire mauvaise langue qui soit. Ce qui devait arriver arriva : en peu de temps, elle se mit tout le monde à dos.

Comment se fait-il que, au lieu de se faire accepter, Anthony et Loraine aboutissaient au résultat inverse ? Pourquoi étaient-ils rejetés de tous ?
Réponses : parce qu’ils refusaient de se poser des questions, de s’interroger sur leur image ; parce qu’ils ne faisaient rien pour changer la désastreuse impression qu’ils produisaient sur les autres.
J’ai choisi ces deux exemples vécus au lycée pour souligner le fait suivant : vos actes déterminent la façon dont votre entourage réagit à votre égard.

Si vous avez l’air d’un(e) imbécile et agissez comme tel(le), tout le monde pensera que vous en êtes un(e)

La façon dont tous – parents, amis ou inconnus – réagissent à votre égard dépend de la façon dont vous vous présentez.
Or, sachez que c’est vous qui décidez du personnage que vous voulez être et, par conséquent, de la manière dont ce person-

nage est perçu par les autres. Vous décidez car c'est vous qui choisissez le rôle qui vous convient.
Ne vous méprenez-pas, je ne suis pas en train de vous faire un cours de morale ou de bonne conduite ! Je ne vous dis pas qu'il faudrait que vous vous habilliez de telle façon, ni qu'il ne faut pas prendre de la drogue, fumer… Je veux simplement vous expliquer la relation qui se fait automatiquement entre vos décisions et les gens qui vous entourent.
Ces derniers réagissent en fonction des choix que vous faites. Si vous êtes un(e) solitaire, c'est parce que vous l'avez voulu ainsi. Si vous êtes en conflit permanent avec ceux qui représentent l'autorité, c'est parce que vous le voulez bien.
Si vous n'aimez pas la façon dont les gens vous traitent, c'est parce que vous avez tout fait pour qu'il en soit ainsi.
Toutefois, rien n'est perdu : vous pouvez dès maintenant changer votre image.

Les rôles que nous jouons

La question essentielle que vous devez vous poser est celle-ci : quel rôle jouez-vous dans la vie ?
En effet, que nous le voulions ou non, chacun de nous joue en quelque sorte un rôle. Ces rôles sont de toutes sortes : il y a l'intellectuel, le sportif, l'ingénu, le dur, le blasé, le révolté, etc.
Suivant le rôle que vous avez choisi, votre entourage percevra une certaine image de vous. Même si cela vous paraît fâcheux et injuste, vous serez ainsi catalogué(e) suivant des stéréotypes qui détermineront le comportement des autres envers vous.

Pensez-vous être du genre bon copain (bonne copine) ou bien êtes-vous quelqu'un sur qui on ne peut pas compter ? Appartenez-vous à la catégorie de ceux qui sont sincères ou à celle de ceux qui colportent des ragots ?
Lorsque vous vous serez posé ces questions et que vous aurez la réponse, vous pourrez alors vous demander si le ou les rôles qui sont les vôtres dans la vie vous apportent la réponse que vous souhaitez.
Ci-après figure une liste des rôles que l'on peut observer fréquemment. Bien qu'ils soient quelque peu caricaturaux, vous reconnaissez-vous parmi eux ?

- L'image que vous donnez et dont vous êtes l'artisan vous correspond-elle vraiment ?
- Ou bien est-ce une image trompeuse qui masque votre véritable personnalité ?
- Ces rôles dissimulent-ils ce que vous ne voulez pas montrer aux autres ?
- Servent-ils à vous exprimer pleinement ou à vous protéger d'éventuelles attaques, d'éventuelles blessures ?

À vous de choisir :

- votre façon de vous habiller ;
- votre façon de parler ;
- vos amis ;
- votre petit(e) ami(e) ;
- les endroits qui vous plaisent ;
- de respecter ou non les gens plus âgés ;
- de respecter ou non la loi ;
- de prendre ou de ne pas prendre de l'alcool ou de la drogue ;
- d'être fidèle ou non en amitié ;
- votre attitude par rapport au travail ;
- de tenir ou non votre parole ;
- d'être celui (celle) qui offre ou qui prend.

"Si vous n'aimez pas quelque chose, changez ce quelque chose. Si cela n'est pas en votre pouvoir, changez votre attitude générale. Mais cessez de vous plaindre." Maya Angelou

Quel rôle jouez-vous ?

Commencez donc à vous poser des questions sur le rôle qui est le vôtre. De quelle manière ce rôle marque-t-il votre vie ? Quelle image donnez-vous au monde qui vous environne ?

1. Mettez-vous devant une glace et observez vos vêtements, votre coiffure, votre allure. Quelle sorte de “look” est le vôtre ? À votre avis, quel est le message implicite que transmet votre apparence ? Qu’annonce-t-elle aux autres ?
2. Réfléchissez à ce qu’il se passe quand vous rencontrez des gens que vous ne connaissez pas. Comment vous adressez-vous à eux ? Quelle est, à votre avis, l’impression que vous leur donnez dès le départ ?
3. De quelle manière parlez-vous à vos parents ? Vous opposez-vous systématiquement à eux ou faites-vous preuve de bonne volonté ?
4. Comment vous comportez-vous par rapport aux autres élèves ? Êtes-vous plutôt généreux(euse) ou plutôt égoïste ? Êtes-vous chaleureux(euse) ou distant(e) ?

Galerie de portraits et rôles en tous genres

• Le modèle de vertu

C’est le genre de personne qui en fait trop et qui ne se prive pas de l’afficher. Elle recherche la perfection et, à côté d’elle, les autres ont tous l’air d’incapables ou de paresseux.

– Elle arrive toujours cinq minutes avant chaque cours et n’oublie jamais de faire consciencieusement ses devoirs.

– Elle a toujours des tenues de gym impeccables.

• La star

Un papillon qui se regarde dans le regard des autres. La vie se résume pour elle à un concours de popularité.

– Elle sera votre meilleure amie, si elle a besoin de vous.

– Elle est incroyablement superficielle.

• L’allumeuse

C’est la fille qui flirte avec tous les garçons, mais qui part en courant à l’idée qu’un garçon puisse lui tenir la main.

– Le genre de fille à fuir !

– Elle adore faire marcher les gens.

• Le sportif

Il vient en cours uniquement pour se reposer entre deux entraînements.

– Le sportif n’a pas d’amis, seulement des coéquipiers !

– Si par hasard il lit quelque chose, il s’agit de journaux sportifs.

• Le pleurnicheur

Il est toujours en train de se plaindre de quelque chose et ce n'est jamais sa faute.

– Il est terriblement déprimant.

– Il se présente toujours comme une victime.

• L'hystérique

Il ou elle dramatise tout. Rien n'est jamais normal avec lui (elle).

– Les choses sont soit formidables, soit horribles ; le pire ou le meilleur, telle est l'alternative.

– Comme il (elle) a tendance à tout exagérer, on ne peut le (la) croire qu'à moitié.

• Le chouchou du professeur

Il s'arrange toujours pour poser une question juste avant la fin du cours. Une question qui prolongera le cours de plusieurs minutes.

– Il est toujours assis au premier rang.

– Il est le premier à lever la main pour répondre à une question.

• **Le cancanier**

C'est le genre de personne vraiment insupportable. Il a toujours une information à vous communiquer, le plus souvent fausse ou déformée. Il faut s'en méfier comme de la peste car il n'hésitera pas à colporter des histoires sur votre propre compte.

– Il est toujours en train de chuchoter à l'oreille de quelqu'un [en général son (sa) meilleur(e) ami(e) du jour].

– L'essentiel de ce qu'il raconte concerne les autres, et est en général inventé ou dénaturé.

• **Le paresseux**

On ne le rencontre jamais à la bibliothèque de l'école. Il a toujours l'air à moitié endormi. Rien ne l'intéresse.

– Il bâille tout le temps et se tient toujours la tête d'une main, les yeux dans le vague. Un peu comme Bart Simpson !

– Le réveille-matin ? Il ne connaît pas !

• **Le perfectionniste**

Tout est toujours rangé au millimètre près sur son bureau ou dans son casier.

– Dans sa vie, il y a toujours quelque chose qui ne va pas.

– Avoir 19 sur 20 ne lui suffit pas. Il lui faut 20 sur 20.

• **Le drogué**

Il est toujours à la recherche de quelque substance pouvant lui procurer des sensations.

– Il connaît mieux les effets "secondaires" de certains médicaments qu'un pharmacien.

– Fumer, pour lui, n'a pas forcément le même sens que pour vous.

• **Le négligé**

Il semble avoir passé six mois sur une île déserte.

– Il ne connaît apparemment ni le shampooing ni le savon.

– Il s'habille sans aucune recherche.

• Le top model

C'est la fille qui vient en classe coiffée et maquillée comme un mannequin. Elle donne l'impression d'avoir passé des heures à soigner son apparence – ce qui est sans doute le cas. Son premier souci est la perfection de son image. Même dans une situation dramatique, elle se préoccuperait avant tout de paraître à son avantage.

– Elle est futile et vaine.

– On la reconnaît facilement car elle a toujours l'air de poser pour un photographe.

• L'intello

C'est celui qui préfère lire *L'Odyssée* en grec, de peur que la traduction ne soit pas fidèle.

– À la différence du perfectionniste, il obtient toujours 20 sur 20.

– Pour se détendre, il se plonge dans les mathématiques.

• Le fou de voitures

Il passe plus de temps à bichonner sa voiture qu'à la conduire. Véritable objet de culte, elle brille tellement que les filles s'en servent comme d'un miroir.

– On ne le comprendrait pas davantage s'il parlait latin. Il peut vous énumérer la liste de tous les accessoires et pièces qui composent une voiture.

– Si, par extraordinaire, il vous invite à faire un tour, il vous demandera d'enlever vos chaussures.

• Le crasseux

L'hygiène n'est pas son fort. Il est tout simplement sale.

– En classe, il se nettoie les ongles avec son crayon.

– Il adore explorer l'intérieur de son nez.

• Le soumis

Toujours prêt à plaire, il ne dit jamais non et fait tout ce qu'on lui demande.

– Les idées originales, personnelles ne sont pas son fort.

– Il adore se dévouer pour les autres.

• L'adepte de la mode gothique

Tel Marilyn Mansons, il est toujours vêtu de noir, comme s'il se rendait à un enterrement.

– Même son vernis à ongles est noir.

– Il est sinistre.

Le plus important : assumer la responsabilité de ses actes.

"Si tu ne peux pas contrôler tout ce qui t'arrive, tu peux, en revanche, décider de la meilleure façon de réagir."

Prendre sa vie en main

Je pense qu'il est inutile d'insister sur l'évidence suivante : si vous restez prisonnier(ère) du rôle que vous vous êtes attribué, prétendant être quelqu'un que vous n'êtes pas, vous ne parviendrez pas à créer votre propre expérience, celle qui vous permettra de réussir.

À ce propos, laissez-moi vous raconter la mésaventure qui m'est arrivée quand j'avais seize ans.
Je jouais à cette époque dans l'équipe de basket de mon lycée, les Greenhill Hornets, et je me sentais le roi du monde.
Au début du mois de décembre eut lieu une rencontre, un match important contre une équipe de renom. La salle de sport était pleine de monde. Nos parents, amis et petites amies étaient amassés sur les gradins pour nous encourager.
J'étais électrisé par l'ambiance qui régnait. Je ressentis une grande fierté lorsque le présentateur cita mon nom, au cours de la présentation de chacun des joueurs de l'équipe. J'étais sur un petit nuage. Nous allions gagner, c'était sûr ! Je le sentais !
Le match avait commencé depuis moins de trois minutes, lorsque je réussis à m'emparer du ballon pour effectuer une passe. Je récupérai à nouveau le ballon... Nous étions dans le feu de l'action. Courant vers le panier, j'effectuai une feinte pour éviter un joueur adverse. C'est alors que ma vie bascula. Je m'écroulai au sol, foudroyé par la douleur. Mon père et l'entraîneur me portèrent jusqu'aux vestiaires. Je serrais les dents. J'avais très mal et j'étais désespéré.
Pour moi, le match était terminé, tout comme le championnat et la saison d'hiver. Et mon genou avait l'air d'être en très mauvais état, lui aussi. La situation me semblait irréelle : à un moment j'étais en train de courir avec le ballon, l'instant d'après je me retrouvais en route pour l'hôpital.
Là, le médecin prit mon père à part et se mit à chuchoter. Je tendis l'oreille et ce que j'entendis me glaça : "Il est sérieusement blessé... risque de ne jamais pouvoir rejouer..."
Je souffrais d'une rupture des ligaments du genou.
Après quelques jours, on me permit de marcher avec des béquilles, mais je tombai alors dans une dépression totale. Pour moi, c'était la fin du monde.

À cette époque, le basket était toute ma vie, l'essentiel de mon existence. J'avais passé des heures à travailler les principes de base, des jours à m'entraîner, des années à me perfectionner et j'avais réussi à entrer dans l'équipe de première catégorie du lycée. J'avais été l'artisan de l'image que je voulais donner : celle d'un bon joueur de basket.
Et à présent, tout était fini.

En un instant, je me retrouvais handicapé. Je n'arrivais pas à croire que la vie ait pu se montrer si cruelle avec moi. Quand je repris mes cours, toujours en marchant avec des béquilles, je cherchais instinctivement la compassion dans le regard des autres. Je me traînais d'un endroit à l'autre en guettant chez ceux que je croisais une lueur de sympathie, voire de la pitié.
C'est alors qu'une nouvelle personnalité se développa en moi. Je m'installai dans le rôle de l'infirme qui geint et aime se faire plaindre. Ce rôle, je l'avoue, était assez confortable et facile à jouer, car il m'évitait de me poser la question essentielle : "Bon, et maintenant : que vas-tu devenir ? que vas-tu faire ?"

Un jour, comme je me lamentais une fois de plus sur mon sort, mon père vint s'asseoir près de moi.
"Écoute, Jay. Je suis bien conscient de l'importance qu'a eue cet accident pour toi. Mais le temps passe. Tes amis, après t'avoir plaint, t'oublient un peu, c'est normal. Ce qu'il faut, à présent, c'est que tu cesses de te lamenter, et que tu te trouves un nouveau rôle dans la vie.
– Je ne me lamente pas, protestai-je, sur la défensive.
– Mais si. Tu n'arrêtes pas ! Tu passes tes journées à soupirer, avec une tête épouvantable. Combien de temps cela va-t-il durer ? Penses-tu que ce soit une bonne chose pour toi de passer des heures au téléphone à te plaindre auprès de tes amis ? As-tu remarqué que l'entraîneur a déjà choisi un autre joueur pour te remplacer ?
– Tu oublies dans quel état est mon genou, Papa !
– Peut-être. Ce n'est pas une raison pour baisser les bras. Si tu ne peux pas contrôler tout ce qui t'arrive, tu peux, en revanche, décider de la meilleure façon de réagir."
Écoutant mon père, je me disais intérieurement : "Nous voilà repartis pour un autre sermon…" Celui-ci continua :
"Pourquoi n'essaierais-tu pas de mettre au point une stratégie qui te permettrait de récupérer ta jambe ? Tu pourrais alors envisager de remarcher normalement, de jouer de nouveau au basket…
– Une stratégie ? répétai-je, sceptique.
– Tu ne vas pas continuer à râler et à gémir éternellement, j'espère !"

J'étais à la fois vexé et furieux contre lui, mais je pris conscience que continuer à pleurnicher ne me mènerait en effet à rien.
Je décidai donc d'élaborer une stratégie comme mon père me le conseillait. Je me procurai un vélo d'appartement et commençai un programme de rééducation. Je me mis à pédaler, à l'envers d'abord, tout doucement, parce que je n'avais pas la force de pédaler dans le sens normal.

S'installer dans le rôle de celui qui geint et aime se faire plaindre est, certes, assez confortable et facile à jouer, mais il évite de se poser la question essentielle : "Bon, et maintenant : que vas-tu devenir ?"

"Va jusqu'au bout. Rien au monde ne peut remplacer la persévérance." Ray A. Kroc (fondateur de MCDonald's)

Vous êtes l'artisan de votre destin !

Vous aussi, vous possédez les capacités nécessaires pour changer.
Pas après pas, il vous est possible d'avancer vers le but que vous vous êtes fixé, quel qu'il soit : réussir dans telle matière en classe, avoir de meilleures relations avec vos parents, perdre du poids...
Il faut que vous compreniez que vous êtes, de toute façon, l'artisan de votre destin. C'est vous qui décidez de la voie dans laquelle vous allez vous engager, des stratégies que vous allez appliquer.
À vous de jouer !

Je persévérai ainsi durant des semaines, tout en ayant l'impression de ne pas progresser. Ce fut une période difficile.
Pendant ce temps, la saison de basket de mon école se terminait. Et je continuai à pédaler, sans applaudissements ni encouragements. Je continuai car je savais que j'étais le seul à pouvoir résoudre mon problème.
Au bout de plusieurs semaines, je parvins à pédaler doucement en avant. Puis le rythme s'accéléra. Bientôt, je pus de nouveau marcher sans boiter. J'étais en bonne voie. Quinze jours avant la date où j'étais supposé pouvoir reprendre un entraînement léger, je pris mon ballon et sortis en catimini dans l'arrière-cour où j'avais l'habitude de m'exercer. Je fis quelques paniers, puis je rejouai la scène pendant laquelle mon genou avait lâché. Et, cette fois, celui-ci ne céda pas. Quelque temps après, je me retrouvai sur le terrain, m'entraînant avec mes amis.
Lorsque la saison débuta, j'avais retrouvé ma place dans l'équipe de basket. Et c'est ainsi que, par un bel après-midi d'automne, moins d'un an après mon accident, mon nom fut de nouveau cité par le présentateur.

Je n'ai reçu aucune médaille pour récompenser mes efforts de plusieurs mois, personne n'a acclamé mon exploit ! Mais l'important pour moi est d'avoir réussi à dépasser ce qui me semblait à l'époque une catastrophe et à mettre en place une stratégie destinée à me remettre sur pied. J'avais gagné un formidable défi par rapport à moi-même.
J'avais alors le choix entre continuer à me morfondre et à me lamenter pendant des mois ou à faire quelque chose pour résoudre une situation difficile.
J'avais décidé d'agir et de prendre le problème à bras-le-corps. J'avais réussi à créer ma propre expérience.

En bref

- Vous seul(e) choisissez l'image que vous présentez à votre entourage, par votre attitude et votre apparence. Ce faisant, vous choisissez aussi sa réponse envers vous.
- Si vous n'appréciez pas la façon dont les gens se comportent vis-à-vis de vous, la solution est de changer l'image que vous leur donnez.
- Quel rôle jouez-vous ? Ce rôle vous permet-il d'obtenir ce que vous voulez ?
- Vous êtes seul(e) responsable des expériences que vous faites.

Loi n° 3 :

“On fait ce qui nous satisfait.”

On fait ce qui nous satisfait

"Avant de mourir, tous les hommes devraient s'efforcer de comprendre ce qui les fait courir, dans quel but et pourquoi."
James Thurber

SUIVEZ CETTE LOI POUR DÉCOUVRIR LES SATISFACTIONS SECRÈTES QUI VOUS POUSSENT À AVOIR DES COMPORTEMENTS PARFOIS NÉGATIFS ET AUTODESTRUCTEURS. NE SOYEZ PLUS L'ESCLAVE DE VOUS-MÊME. MAÎTRISEZ CES COMPORTEMENTS POUR MAÎTRISER VOTRE VIE.

Pourquoi avez-vous intérêt à suivre cette loi de la vie ?

Il vous est sans doute souvent arrivé d'agir de façon stupide et de répéter ce comportement, même si vous en êtes conscient(e). Peut-être avez-vous passé la soirée à regarder la télévision juste la veille d'un examen important ?
Ou bien vous êtes-vous éclipsé(e) le soir pour vous rendre à une fête où vous savez que, très certainement, vous allez boire, malgré l'interdiction de vos parents. Et vous savez aussi que, s'ils vous prennent sur le fait, vous pourrez dire adieu à ce voyage dont vous avez tellement envie. Lorsque vous rentrez chez vous, en essayant d'être le plus discret possible, la lumière s'allume brusquement et vous voilà pris(e) sur le fait.

Il se peut aussi que, un jour, à votre retour de l'école, votre petite sœur, qui vous admire tant, vous ait demandé de l'aider à faire un devoir. Au lieu de vous occuper d'elle, vous l'avez repoussée plutôt sèchement : "Fiche le camp. Ne touche pas à mes affaires. Et sors de ma chambre. Laisse-moi tranquille !..." Naturellement, votre petite sœur s'en est allée en larmes se plaindre auprès de vos parents.
Vous connaissez la suite... Vous avez droit à un sermon de votre père ou de votre mère qui s'interrogent sur les raisons de votre comportement :
"Mais à quoi penses-tu ? Qu'est-ce qui t'a pris ?
– Je ne sais pas...
– Pourquoi as-tu fait cela ?
– Euh... Je ne sais pas."
Telle est votre réponse habituelle.
Vous pourrez lire dans les témoignages qui suivent quelques exemples concrets. Une fois encore, j'ai demandé à plusieurs adolescents de rechercher dans leur vie des comportements qu'ils n'approuvent pas mais qu'ils ne peuvent s'empêcher d'avoir. Peut-être vous retrouverez-vous dans ces quelques témoignages ?

Thomas, 18 ans
"On me considère parfois comme un salaud. Il est vrai qu'il m'arrive d'être assez méchant. Je suis assez doué pour démolir quelqu'un que je n'aime pas. Je pourrais en effet être moins agressif. Certains ne le méritent pas. Mais c'est comme ça. Je ne veux pas me laisser marcher sur les pieds."

Êtes-vous sûr(e) de ne pas savoir pourquoi vous agissez ainsi ?

Ne vous est-il jamais arrivé de vous interroger sur le caractère absurde de certains de vos actes ? N'avez-vous jamais ressenti une certaine culpabilité en faisant des choses qui, vous le savez, peuvent se révéler dangereuses ? Ne vous en êtes-vous jamais voulu d'avoir blessé, par votre comportement, telle ou telle personne ? Pourtant, vous continuez à agir ainsi.

Nous avons tous tendance à répéter des comportements qui ne sont guère logiques. Vous buvez par exemple de l'alcool, tout en étant conscient(e) du risque que vous courez. Vous ne travaillez pas en classe, même si vous connaissez les conséquences désastreuses de votre conduite. Vous vous laissez entraîner dans des relations dont vous savez très bien qu'elles n'aboutiront à rien. Vous vous disputez avec vos parents, tout en sachant parfaitement que cette attitude ne pourra qu'aggraver les choses. Ou bien encore, vous remettez à plus tard ce que vous vous étiez pourtant promis de faire pendant le week-end, comme nettoyer votre chambre, rendre visite à votre grand-mère…

Après ces dérapages, vous ne manquez pas de vous dire : "Je ne sais pas ce qui m'a pris !" ou "Je n'avais pas l'intention de faire ça…".
Mais la vérité est pourtant là : au fond, vous aviez vraiment envie de faire ce que vous avez fait, autrement vous ne le referiez pas régulièrement.
Rassurez-vous, vous n'êtes ni fou (folle) ni stupide. Vous ignorez seulement que vous êtes en fait soumis(e) à des impulsions, issues de votre inconscient, qui vous amènent à répéter ces comportements qui, au final, se révèlent néfastes pour vous.
Vous avez beau reconnaître que vous n'aimez pas la façon dont vous vous comportez, vous avez beau détester l'image d'irresponsabilité, de paresse, d'agressivité, de faiblesse… que vous donnez, vous continuez cependant.

Pourquoi en est-il ainsi ?
Parce que, à un niveau inconscient, vous retirez de ces situations une satisfaction immédiate, une sorte de "récompense".
Il existe certes des comportements qui nous procurent des satisfactions dont on sait parfaitement qu'elles sont légitimes et saines. Par exemple, si vous faites du jogging trois fois par semaine, l'exercice régulier vous aidera à perdre du poids, à rester en forme. Ces résultats vous encourageront à poursuivre.
À l'inverse, si vous ne répétez pas une conduite, c'est que celle-ci ne vous apporte que du déplaisir. Par exemple, si vous mettez la main au-dessus d'une flamme, vous vous brûlerez.

Jérémie, 17 ans

"Mes professeurs me considèrent comme l'un des meilleurs élèves de ma classe. Ils me disent que je ferai une brillante carrière universitaire.
Je n'ai pas d'inquiétude à ce sujet… mais ce bel avenir risque d'être anéanti à cause de ce qu'il m'arrive de faire.
Quand je vais dans les magasins, je ne peux pas m'empêcher de glisser dans mes poches des petits objets, des bijoux, par exemple, que je pourrais offrir à une fille. Je suis plutôt habile à ce petit jeu. Mais je sais que, si jamais je suis pris, je pourrais être arrêté et alors adieu ma bourse d'études.
Je me dis toujours qu'il faut que je m'arrête, mais, voilà, je continue…"

"Sachez être au-dessus de ce que l'on attend de vous en refusant toutes les excuses qui vous rendraient les choses plus faciles."
Henry Ward Beecher

Armez-vous de logique pour découvrir ce qui relie un comportement négatif et la satisfaction que vous en recevez.

Paul, 16 ans

"J'ai plutôt de bonnes relations avec mes parents. Ils m'ont offert un scooter et j'ai la permission, de temps à autre, d'aller dans des fêtes, le soir. Je n'ai pas à me plaindre ! Je sais que je devrais leur dire plus souvent que j'apprécie tout ce qu'ils font pour moi.
Au contraire, au moment du dîner, par exemple, si ma mère commence à raconter les mésaventures arrivées à l'une de ses amies, je me mets en colère et lui dit : "Ce que tu peux être rasoir, Maman!"
Je regrette alors ce que j'ai dit, mais trop tard : je sais que je l'ai blessée. Je m'en veux, mais il y a des moments où je ne peux pas m'empêcher de faire ce genre de réflexion."

Le résultat étant désagréable, vous n'aurez nulle envie de recommencer.
À l'évidence, si nous répétons des comportements dont nous connaissons le caractère néfaste à long terme (fumer, boire, se droguer...), c'est que nous en retirons une certaine satisfaction. Nous obtenons une récompense immédiate qui nous satisfait, même si nous nous méprisons pour notre conduite. Nul ne fait exception à la règle.

Si vous avez vraiment l'intention de mener votre vie de manière intelligente et de rester maître de la situation au lieu de répéter des comportements à la longue nuisibles, vous devez essayer de comprendre ces impulsions qui vous poussent à agir ainsi.
Il ne suffit pas de se dire : "Ah ! Je m'en veux d'avoir fait ça !" ou "Ah ! Je voudrais être différent(e)..."
Il s'agit de s'armer de logique et de tenter de découvrir ce qui relie un comportement négatif et la satisfaction que vous en recevez.
C'est à l'intérieur de vous-même que vous trouverez les pistes qui vous conduiront à comprendre pourquoi vous êtes violent(e), coléreux(euse), pourquoi vous adoptez des conduites autodestructrices.
Si vous y parvenez, vous réussirez alors à supprimer ces conduites négatives qui vous empêchent de progresser.
Vous reprendrez le contrôle de votre vie, vous serez véritablement vous-même.

Le pouvoir de la "récompense"

En lisant les déclarations de ces garçons et de ces filles, vous vous dites peut-être : "Mais pourquoi font-ils cela ? Ils sont vraiment stupides !"
Pourtant, il y a de fortes chances pour que vous aussi agissiez de la même façon. Si vous vous comportez ainsi, c'est à cause de la "récompense" que vous obtenez. Que vous le vouliez ou non, celle-ci joue un rôle considérable dans le développement de votre personnalité.

Cette satisfaction peut se situer à différents niveaux : physique, mental, social, psychologique, émotionnel.
La satisfaction de Jérémie, le kleptomane, provient peut-être de la décharge d'adrénaline liée au risque d'être découvert et arrêté.
Les commentaires que fait Paul, pendant le dîner, peuvent être une façon d'évacuer le trop-plein de frustrations et de tensions qu'il a accumulées. Même s'il s'en veut, après coup, d'avoir blessé sa mère, il n'en demeure pas moins vrai qu'il provoque ces scènes pour donner libre cours à sa colère.

Jennifer n'a pas renoncé à ses sorties et continue de se rendre à ces soirées malgré l'attitude des garçons plus âgés. L'attention qu'ils lui portent lui procure une importante satisfaction, qui compense le risque.
Thomas, dont les critiques des autres sont parfois si cruelles, se sent peut-être rassuré en prenant les devants et en attaquant le premier.
Quant à Élisa, qui continue à trop manger alors qu'elle voudrait s'arrêter, elle ne trouve pas seulement un réconfort dans la nourriture. Elle trouve peut-être aussi une satisfaction dans le fait d'être grosse : elle peut se dire que c'est la raison pour laquelle on ne l'aime pas. Elle se sent donc rassurée si elle demeure ainsi.

Je terminerai sur ce chapitre en évoquant un épisode personnel. Je pensais que mon père n'avait pas toute sa tête quand il me disait que, si je m'obstinais à ne pas travailler en classe, c'est parce que, au fond, j'en retirais une satisfaction.
"Si tu as de mauvaises notes, Jay, c'est parce que ces mauvaises notes te font plaisir, quelque part."
Je me disais alors : "Comment peut-il dire des stupidités pareilles ?"
"Il y a une partie de toi-même qui se satisfait de ces mauvaises notes. Autrement, tu ne te comporterais pas ainsi.
– Mais je t'assure que j'ai envie d'avoir de bonnes notes, Papa !
– Non. Si ce que tu dis était vrai, tu ferais ce qu'il faut pour. Tu ferais tes devoirs, tu préparerais tes cours, etc.
– Alors, dis-moi quelle est la satisfaction que j'en retire ?
– C'est à toi de le découvrir, mon garçon.
– Je suis un peu paresseux. Voilà tout !
– Non. Tu n'es pas paresseux. Je te connais. J'ai vu ce que tu as fait pour réapprendre à marcher, pour rejouer au basket après ton accident. J'ai vu à quel point tu pouvais t'appliquer sans que personne te demande rien."
Un peu plus tard, après un nouveau carnet de notes lamentables, mon père revint à la charge :
"Alors, Jay. Est-ce que tu as découvert la satisfaction que tu retires de tes mauvaises notes ?
– Je te l'ai dit, Papa. Je n'ai aucune satisfaction. Il faut simplement que je travaille davantage.
– Voyons, Jay. S'il n'y avait pas une quelconque satisfaction, même inconsciente, tu te serais mis au travail depuis longtemps. En fait, est-ce que tu n'aurais pas peur de ce qui se passerait si tu avais de bons résultats ?
– Peur ? Mais je n'ai peur de rien !"
Mon père me regarda d'un air qui semblait dire : "Ce que tu peux être bête quand tu t'y mets", et insista encore :
"Il est bien possible que ta satisfaction secrète consiste en ce raisonnement inconscient : je ne travaille pas, donc je ne suis pas

Jennifer, 15 ans

"Je suis en 3e, au lycée, et malgré mon âge, je suis parfois invitée à des soirées où il y a des garçons plus âgés. J'avoue que je ne sais pas trop quoi penser. Ils sont toujours en train d'essayer de flirter avec moi, de façon bizarre... Ils me répètent que je suis la dernière fille vierge du lycée et qu'il serait temps de faire quelque chose à ce sujet. Je n'aime pas ça. J'ai l'impression de n'être qu'un objet pour eux. Malgré tout, je continue à aller à ces soirées. Mais je pense que je maîtrise la situation."

Élisa, 16 ans

"J'ai pris 15 kg en peu de temps. C'est normal : je mange trop et je ne fais pas assez d'exercice. Il faut que je perde du poids et que je retrouve ma silhouette, c'est très important pour moi. Je me le répète tous les jours, en montant sur ma balance. Mais, le soir, vers 22 h, c'est comme un signal : il faut que je mange quelque chose. Et je me retrouve toujours en train de manger des bonbons que j'ai cachés sous mon lit."

"Les grandes réussites ne s'offrent qu'à ceux qui n'ont pas peur des grands échecs." Robert Francis Kennedy

Quelle est votre "récompense" ?

Inscrivez ci-dessous les 5 comportements ou situations que vous trouvez particulièrement négatifs dans votre vie. Notez tout acte, toute conduite qui vous ont fait dire par la suite : "Je n'aurais pas dû faire cela..." :

1.
2.
3.
4.
5.

parmi les premiers de la classe. Je reste dans la zone des élèves moyens. Si j'avais des notes brillantes, je devrais faire face à une nouvelle responsabilité. Je me retrouverais en première ligne et je serais obligé d'assumer la situation."
Il s'interrompit et me fixa calmement.
"Alors ?" interrogea-t-il doucement.
Je sentis la colère monter en moi. D'abord, parce que j'avais du mal à admettre que, une fois de plus, il avait raison. Ensuite, parce que je ne voulais pas devenir cet élève modèle que j'aurais pu être en travaillant. Il était bien plus confortable pour moi de rester un élève moyen.

L'heure des aveux

À votre tour, maintenant. Dans un instant, nous allons faire un petit exercice destiné à identifier les comportements que vous n'aimez pas mais dont, cependant, vous ne parvenez pas à vous défaire, et à découvrir les satisfactions secrètes que vous en retirez.

• Peut-être prenez-vous de la **drogue** ?
Si c'est le cas, essayez de déterminer le type de satisfaction que vous retirez de ces expériences. Est-elle liée aux sensations physiques ? Le faites-vous pour pouvoir échapper, ne serait-ce que brièvement, à une vie que vous trouvez trop nulle ? ou bien parce que cette habitude vous donne le sentiment d'appartenir à un groupe, même si ce groupe n'est réuni que par la seule prise de drogue ?

• Autre comportement négatif : la **cigarette**.
Vous connaissez parfaitement les dangers du tabac. Vous savez que, à la longue, il provoque des cancers et d'autres maladies graves, souvent mortelles. Pourtant, vous continuez de fumer, car vous aimez la sensation que vous apporte la cigarette : une plus grande confiance en vous, l'impression de mieux contrôler les choses, le sentiment d'être un(e) adulte. Et pour vous, le cancer du poumon est relégué dans un avenir si lointain que vous ne vous sentez pas concerné(e).

• Certains d'entre vous ont certainement été confrontés au problème de **l'alcool**.
Même si, après vous avoir offert un scooter, vos parents vous ont prévenu(e) qu'ils le revendraient immédiatement si vous conduisiez en ayant bu, c'est pourtant ce que vous vous êtes empressé(e) de faire lors de telle ou telle soirée où tout le monde boit. Vous aimez le sentiment de bien-être que procure l'alcool et que vous partagez avec vos amis. Vous savez que vous jouez avec le feu, mais vous continuez tout de même.

À côté de ces comportements particulièrement négatifs, certaines satisfactions peuvent être beaucoup moins évidentes. Regardez le tableau qui suit et demandez-vous si les conduites citées sont aussi les vôtres.

Comportement négatif	Satisfaction
Timidité	Supprime le risque d'être rejeté.
Mauvaise humeur	Permet de soulager les tensions.
Sarcasmes	Une manière de ne pas montrer ses vraies émotions.
Médiocrité	Supprime le stress lié à l'obligation de réussir.
Vantardise	Permet d'obtenir l'attention que l'on souhaite.
Paresse	Évite d'avoir à s'investir dans la vie.

Maintenant que vous connaissez les raisons qui vous conduisent à certains comportements dont vous ne voulez pas, essayez de les supprimer.

"Qu'est-ce que cela m'apporte ?"

Maintenant, notez les satisfactions que, à votre avis, vous en retirez :

1.
2.
3.
4.
5.

En comprenant l'origine de la satisfaction que nous retirons de certains comportements négatifs, il nous est alors possible de nous en libérer.

Pour finir…

Enfin, essayez maintenant d'expliquer de quelle manière vous pourriez supprimer les satisfactions liées aux comportements négatifs que vous avez notées plus haut :

1.
2.
3.
4.
5.

Il faut supprimer cette "récompense"

Commencez-vous à comprendre la relation qui existe entre ces comportements négatifs et les satisfactions qui leur sont associées ? En prendre conscience vous donne déjà un certain avantage. Vous serez en mesure de voir plus clair en vous et de prendre de meilleures décisions.
En mettant en lumière les raisons cachées qui sous-tendent vos comportements, vous serez par là même mieux armé(e) pour résister à certaines influences négatives.

C'est ainsi que, lorsque j'ai pris conscience de la raison pour laquelle je refusais de travailler en classe, je me suis dit : "Ça suffit comme ça, je ne vais pas continuer à ne rien faire par crainte d'avoir de bonnes notes. Je ne veux pas passer ma vie à me rassurer à bon compte, alors que je sais qu'il faut que je prenne le risque d'avoir de bons résultats."
Et c'est ce que j'ai fait !

Jérémie a compris le ressort caché qui le poussait à la kleptomanie. Il a besoin des sensations fortes que procure le danger. En en ayant conscience à présent, il se trouve dans une position nouvelle où il peut se demander : "Est-ce que je peux obtenir ces sensations d'une autre façon et sans compromettre mon avenir ? Puisque j'aime le risque, je pourrais, par exemple, pratiquer la moto tout-terrain… !"
Jérémie a ainsi beaucoup appris sur lui-même, son comportement et les conséquences de celui-ci.
Paul a lui aussi découvert ce qui le poussait à agir de la sorte. Ce sont ses rapports avec ses amis qui en sont à l'origine. D'une part, ses relations avec sa copine n'étaient pas satisfaisantes ; d'autre part, il ne se sentait pas assez bien intégré dans le groupe d'amis qu'il voyait. Ces frustrations se manifestaient sur un terrain moins dangereux. Il savait que sa mère, malgré son attitude, ne le rejetterait pas, comme risquaient de le faire ses amis.
Lorsque Paul a compris le mécanisme qui le faisait agir ainsi, il a eu honte ; ses rapports avec sa mère sont enfin devenus meilleurs.
Jennifer, pour sa part, a cherché à attirer l'attention sur elle de façon moins dangereuse ; et **Thomas** a pris conscience que, pour trouver de l'assurance, il valait mieux aller vers les autres plutôt que de les rejeter. Quant à **Élisa**, après avoir réalisé que ses craintes de ne pas être aimée étaient infondées, elle a réussi à changer de style de vie et à perdre du poids.

Le danger d'ignorer ses satisfactions

Au lycée, j'avais un ami qui était estimé par tout le monde. Un type bien. Mais un jour, il se fit prendre dans une soirée avec de la drogue. Ses parents décidèrent alors de l'envoyer dans une clinique accueillant des toxicomanes.
C'était la première fois que ses parents réagissaient de manière aussi ferme à son égard. Son père et sa mère, menant chacun une brillante carrière, ne s'étaient jusqu'alors guère occupés de lui. Mais dès l'instant où il fut enfermé dans cette institution, ils vinrent lui rendre visite tous les jours, lui consacrant de longues heures. Ils prirent enfin le temps d'exprimer leur attachement, leur amour pour lui.
Lorsque ce copain revint au lycée, tout le monde eut l'impression que l'incident était clos. Il était en pleine forme, rieur et plein d'entrain. La page, semblait-il, était tournée.
Or, peu de temps après, il fut de nouveau surpris avec de la drogue et renvoyé dans le centre de désintoxication.
À son retour au lycée, nous lui demandâmes : "Mais qu'est-ce qui t'a pris ? Tu n'es pas le genre de type qui se drogue !...
– Je sais, je sais", répondit-il.
J'étais trop bête à l'époque pour lui demander les raisons de sa conduite. Quelle satisfaction secrète trouvait-il dans ce petit jeu ? Mais je ne dis rien.
Lui, de son côté, semblait plus épanoui que jamais et il nous raconta que ses parents s'étaient énormément occupés de lui durant ce second séjour en clinique et lui avaient dit qu'ils l'aideraient et le soutiendraient aussi longtemps qu'il le faudrait.
Comme nous parlions de ce copain, un soir, à la maison, ma mère me dit :
– "Je me demande si ton ami n'a pas souhaité retourner dans cette clinique afin d'obtenir plus d'attention de la part de ses parents...
– Pardon ? fis-je, surpris.
– Depuis qu'il est au lycée, ton ami a été très seul. Ses parents n'ont jamais eu beaucoup de temps à lui consacrer. Avec la drogue et la clinique, il a trouvé une solution pour attirer leur attention et les amener à s'occuper de lui.
– Tu crois ?
– Ça ne fait aucun doute, enchaîna mon père. Avec ce stratagème, il a obtenu la gratification, la récompense qu'il attendait."
Lorsque je revis mon ami, je ne lui parlai pas de la conversation que j'avais eue avec mes parents à son sujet.
Aujourd'hui, je le regrette. Il aurait sans doute compris qu'il existait d'autres moyens, moins dangereux, pour attirer l'attention de ses parents. Car la drogue a fini par le détruire. L'été suivant, en effet, je lus dans le journal qu'un adolescent du voisinage était mort d'une overdose. Cet adolescent, c'était mon ami.

Pesez le pour et le contre...

Nous apprenons aussi à réagir de façon moins impulsive et à réfléchir aux conséquences de nos actes, à peser le pour et le contre avant d'entreprendre quoi que ce soit.
Ainsi, si le samedi soir vos amis vous proposent de vous rendre à une fête, vous vous demanderez peut-être : "Qu'est-ce que je risque si je ne bois pas, ce soir-là ?
Je m'amuserai peut-être un peu moins et je perdrai quelques copains qui me trouveront ennuyeux(euse).
En revanche, qu'est-ce que je risque si je bois ?
Je peux perdre mon scooter ou ma voiture et mon permis de conduire, ou pire encore, je peux avoir un accident et causer la mort de quelqu'un ou la mienne."
Si vous vous tenez ce genre de raisonnement avant de vous rendre à une fête, il y a de fortes chances pour que vous ne touchiez pas un seul verre d'alcool.

Si vous prenez le temps d'analyser les satisfactions que vous retirez de vos comportements négatifs, de comprendre ce qui se passe dans votre vie, vous serez alors en mesure de la diriger.

Ce qui avait commencé comme un appel à l'aide s'était transformé en un engrenage mortel. Si lui, ses parents ou son médecin avaient réalisé qu'il s'agissait d'un appel au secours, destiné pour lui à obtenir l'amour et l'attention de ses parents, peut-être serait-il encore vivant aujourd'hui ? Mais personne ne s'est donné la peine d'analyser la situation et il l'a payé de sa vie.

Cette histoire, même si elle est particulièrement dramatique, illustre bien l'importance de prendre conscience des satisfactions que vous retirez de certains comportements négatifs.

En résumé

- Si vous ne pouvez vous empêcher de faire des choses qui ne vous plaisent pas, il y a une raison à cela.
- Tant que vous n'aurez pas compris pourquoi vous faites ce que vous n'aimez pas, vous continuerez à le faire.
- Si quelqu'un se comporte avec vous d'une manière qui vous déplaît, efforcez-vous de savoir quelle est la satisfaction que cette personne en retire. Si vous supprimez cette satisfaction, son comportement envers vous changera.

Loi n°4 :

“On ne peut pas changer ce qu’on ne s’avoue pas.”

On ne peut pas changer ce qu'on ne s'avoue pas

"Vous ne saurez jamais qui vous êtes si vous ne regardez pas la vérité en face." Pearl Bailey

CETTE QUATRIÈME LOI VA VOUS PERMETTRE DE PRENDRE CONSCIENCE DE LA PERSONNE QUE VOUS ÊTES. SOYEZ HONNÊTE AVEC VOUS-MÊME ET RECONNAISSEZ CE QUI NE MARCHE PAS DANS VOTRE VIE.

Pourquoi avez-vous intérêt à suivre cette loi de la vie ?

Lucy déteste les cours d'histoire. Elle en a tellement horreur qu'elle préférerait encore aller chez le dentiste plutôt que d'avoir à suivre cet enseignement où il n'est question que de personnages disparus, de batailles et d'époques révolues.
Pour ne pas "perdre son temps", pendant les cours, elle lit des magazines ou fait son courrier. Bien installée dans le fond de la classe, elle se plonge dans un magazine, soigneusement dissimulé, bercée par le débit monotone du professeur. Lorsque Lucy évoque ce dernier, elle fait la grimace : "Il n'y a pas plus ennuyeux que ce type-là. Il lit ses notes d'une voix sinistre sans se demander si on l'écoute ou non."
Lucy s'imagine que le professeur évalue les élèves en fonction des résultats des contrôles. Ceux-ci ont lieu deux fois par an. La veille de chaque contrôle, elle passe ainsi toute la nuit à essayer de rattraper son retard, à grand renfort de café et de vitamines, s'efforçant d'assimiler des siècles d'histoire et de se remémorer les dates, les personnages et les événements marquants. Lucy a confiance en elle, convaincue d'avoir travaillé plus que les autres. "Pas de problème, se dit-elle. J'ai vu tout le programme. Je vais avoir une note formidable…"
Deux jours plus tard, les résultats tombent et elle demeure stupéfaite en voyant sa note : 4 sur 20.
"Mais ce n'est pas possible, gémit-elle auprès de ses amies. J'ai travaillé toute la nuit !…
– Es-tu sûre d'avoir bien préparé l'examen? interroge une de ses camarades de classe.
– Absolument. Je te le répète : j'ai travaillé toute la nuit !"

C'est là où Lucy se trompe complètement, s'illusionnant sur ce que représente vraiment le travail scolaire. Elle se ment à elle-même et refuse de voir la réalité en face.

Lucy en explications

Lucy refuse de reconnaître que, pour obtenir de bonnes notes, il faut travailler régulièrement, parce qu'elle n'a pas envie de consacrer trop de temps à étudier un sujet qui l'ennuie. Elle s'obstine dans cette attitude et tente de condenser en une nuit plusieurs mois de travail.
Le résultat est imparable : 4 sur 20. Pourtant, au fond d'elle-même, elle sait certainement qu'elle court droit à l'échec.

Refuser de voir la réalité en face

Nier les problèmes, refuser la réalité est une attitude immature, un manque d'honnêteté envers soi-même.
Si nous agissons ainsi, c'est parce que cette réalité est traumatisante pour nous, parce que nous voudrions que ces problèmes n'existent pas.
À des degrés divers, nous sommes tous concernés. Nous refusons de voir ce qui ne va pas dans notre vie. Et, ce faisant, nous nous faisons du mal sans le savoir. Nous tuons bêtement nos espoirs et nos rêves.
Car en adoptant une attitude de déni, nous détruisons la possibilité de faire face aux problèmes qui surgissent.

Le déni de nos problèmes constitue donc un mensonge à l'égard de nous-mêmes. Ce mensonge peut prendre deux formes : soit la déformation de la réalité, soit le mensonge par omission. Toutes deux sont aussi dangereuses l'une que l'autre.

Qu'en est-il de vous ? Si vous refusez de reconnaître un problème, quel qu'il soit, même peu important, vous vous privez de tout espoir d'améliorer votre situation. Si c'est le cas, ressaisissez-vous. Soyez honnête avec vous-même. Vous n'êtes pas stupide, vous savez exactement ce qui ne va pas dans votre vie. Il vous faut simplement un peu de courage pour l'admettre. Alors, tout peut changer. Ce n'est pas en fermant les yeux que les difficultés disparaîtront !

Ainsi, si vous n'êtes pas capable de reconnaître un problème, celui-ci persistera, malgré vos efforts pour l'ignorer. Comment pouvez-vous espérer changer quoi que ce soit si vous n'avez pas clairement inscrit en vous la décision de changer ? Se mentir à soi-même est aussi absurde que d'aller voir un médecin et de lui répondre que tout va bien alors que vous avez, par exemple, mal au genou. Dans ce cas, que peut faire le médecin ? Rien, évidemment. Et vous quittez le cabinet médical en claudiquant, du même pas que vous y étiez entré(e).
Il en va de même si vous vous mentez à vous-même : vous anéantissez tout espoir de guérir le problème qui est le vôtre. Et vous continuez de vivre en claudiquant.
Si, par exemple, vos camarades vous trouvent ennuyeux(euse) et vous évitent, il vous faut l'admettre, même si c'est difficile.
Si vous êtes terriblement jaloux(ouse) et possessif(ive) à l'égard de votre petit(e) ami(e), reconnaissez-le.
Si vous avez la conviction que vous ne pourrez jamais vous entendre avec vos parents, reconnaissez-le aussi.
Si vous êtes paresseux(euse) et passez votre temps à écouter de la musique ou à traîner, prenez conscience de la situation.

La vie est faite d'obstacles qu'il faut surmonter. Même si nous nions leur réalité, ces obstacles resteront toujours réels. C'est comme si nous voulions ne pas voir un gros nid-de-poule qui se trouve sur la route, droit devant nous. Si nous continuons à rouler comme s'il n'existait pas, nous allons droit à la catastrophe.

"Accrochez-vous à vos rêves. Car si ceux-ci disparaissent, votre vie ressemblera à celle d'un oiseau aux ailes brisées." Langston Hughes

De même, si vous vous laissez aller à mentir pour vous inventer une vie plus intéressante, ou si vous détestez votre mode de vie, acceptez de le reconnaître, sinon rien ne pourra changer. Et si vous vous rendez compte que certains de vos comportements sont malsains ou dangereux, ne reculez pas devant la vérité, autrement vous continuerez indéfiniment à vivre de cette manière.

Certains de mes amis se sont trouvés en difficulté en refusant d'admettre la réalité d'un problème. Je pense, par exemple, à des copains qui avaient l'habitude de se réunir pour faire la fête le samedi soir. Le lundi, au lycée, ils nous racontaient leurs beuveries, et toutes les bêtises qu'ils avaient pu faire. Manifestement, après avoir passé le dimanche à dormir, ils semblaient en pleine forme. Pour d'autres, en revanche, ces sorties commençaient à affecter leur comportement et leur travail scolaire durant la semaine.

C'est ainsi que mes camarades et moi commençâmes à remarquer des changements importants chez un de mes amis : Arthur. Son comportement était devenu si bizarre que les copains qui, chaque samedi, participaient à ces sorties avec lui commencèrent à se poser des questions et à devenir plus raisonnables. Arthur, quant à lui, ne voyait aucun problème. Pour lui, la vie n'était qu'une grande fête qui se renouvelait continuellement. Sa petite amie finit par le quitter. Quand il avait bu, il devenait méchant et grossier, attitude qu'elle ne supportait plus.

Sa forme physique s'en ressentit, et il fut alors chassé de l'équipe de basket. Ses notes devinrent catastrophiques. Mais lui semblait sur une autre planète. Il continuait à sortir et à boire.

Je tentai un jour de l'avertir, de lui faire comprendre qu'il se détruisait, mais ce fut peine perdue : il se contenta de me dire qu'il allait très bien, et que je n'étais pas sa mère pour lui dire ce qu'il avait à faire.

La situation s'aggrava. Un soir, nous nous trouvions avec lui dans une fête qui finit par dégénérer. La soirée avait lieu chez des amis dans un quartier qu'Arthur ne connaissait pas bien. Lorsque nous vîmes arriver la police, prévenue par les voisins, chacun s'enfuit de son côté. Arthur, qui tenait à peine debout, se mit à courir lui aussi, traversa plusieurs rues, puis, ne sachant plus où il se trouvait, essaya en vain de retrouver la maison où avait eu lieu la soirée. Désorienté, il arriva ensuite sur une avenue déserte où une voiture de patrouille le repéra et s'arrêta pour le questionner. Arthur, totalement incohérent, finit par se retrouver au poste de police où il passa le reste de la nuit. Il fut inculpé d'ivresse sur la voie publique. Le lendemain, ses parents et le lycée furent avertis. Il fut exclu quelque temps de l'école et renvoyé de l'équipe de basket. Plus grave encore, il n'obtint pas sa bourse d'études pour une grande université. Quelque part, Arthur savait qu'il était allé trop loin, mais sans doute n'avait-il pas le courage de le reconnaître. Le prix à payer, pour lui, fut très élevé.

J'entends déjà la réaction de certains lecteurs : "Il ne faut quand même pas mettre tout le monde dans le même panier. Moi, je ne passe pas mes week-ends à boire… Je ne me suis jamais fait arrêter en état d'ivresse…"
Tant mieux. Mais, quelle que soit la gravité de vos problèmes, vous devez leur faire face, vous devez reconnaître ce qui ne marche pas dans votre vie, si vous ne voulez pas compromettre vos chances de réussir.
Êtes-vous sûr(e) de ne pas dresser vous-même les obstacles qui risquent de vous conduire à l'échec ?

Balayez devant vous !
Il est temps de déblayer le chemin, en particulier tout ce qui entrave votre vie. Ayez le courage d'être honnête avec vous-même. Rappelez-vous la loi de la vie n° 2 : "Nous créons notre propre expérience." En refusant la réalité, vous devenez incapable de changer ce qui ne va pas, et vous risquez d'être l'artisan de votre propre infortune. Pour essayer d'y voir plus clair, essayez de répondre aux questions suivantes :
- "Dans ce que je fais, y a-t-il des actes dangereux ou qui risquent de le devenir ?"
- "Qu'est-ce qui, dans mon comportement, m'empêche de réussir ?"
- "Est-ce que je ne sabote pas, d'une certaine façon, mes relations avec mes parents et les autres adultes ? "
- "Est-ce que je ne passe pas à côté de certaines occasions qui me permettraient d'aller de l'avant ?"
- "Que faudrait-il que je change dans ma personnalité, mon comportement ?"

Ces questions ne sont qu'un point de départ. Vous en connaissez certainement d'autres qu'il serait bon que vous vous posiez.

"Si vous ne voulez aller nulle part, suivez la foule. Charlie Brown"

Ne soyez pas mouton !

Que vous est-il arrivé de faire sous la pression de votre entourage ? Voici une liste d'exemples :

- Manquer de respect à ses parents parce que les copains agissent ainsi.
- Ne pas travailler en classe pour la simple raison que seuls les crétins se préoccupent d'apprendre.
- Boire au cours de soirées entre amis, parce que c'est "cool" et que tout le monde boit.
- Fumer du haschisch ou prendre d'autres drogues, parce que c'est encore plus "cool".
- Avoir des relations sexuelles parce que c'est ce qui se fait et que l'on veut éviter une rupture.
- Sortir le soir, même à l'insu de ses parents, parce que les autres le font.
- Mentir à ses parents sur l'endroit où l'on va parce que tous les copains y seront et que l'on ne veut pas risquer d'être empêché(e) de s'y rendre.

Pourquoi refusons-nous d'affronter la réalité ?

Si vous pensez honnêtement que votre situation n'est en aucun cas comparable à celle d'Arthur, voilà qui est une bonne chose. Mais vous devez toutefois rester vigilant(e) et agir pour que le problème, quel qu'il soit, ne s'aggrave pas. Au départ, la situation d'Arthur n'était pas aussi grave, ni irréversible, mais son refus de voir la réalité l'a conduit au drame.

Parmi les choses que nous refusons le plus souvent de reconnaître, figure le fait que nous nous contentons parfois de subir telle ou telle situation, plutôt que de réfléchir par nous-mêmes et nous forger notre propre opinion.
Je fais allusion ici à la pression du groupe qui pèse continuellement sur nous. On a beau être intelligent, normal, équilibré, on risque pourtant de commettre des actes stupides, absurdes, simplement à cause de la pression de l'entourage. Parce que l'on a besoin de se sentir accepté.
J'ai entendu plus d'une fois des adultes se lamenter parce que leur fils ou leur fille s'était laissé "entraîner" par d'autres et avait eu des ennuis. Loin de moi l'idée de vouloir abonder dans leur sens ou d'excuser telle ou telle conduite, mais je dois reconnaître que, parmi mes amis, certains, pourtant tout à fait équilibrés, se sont parfois laissés aller à agir de façon vraiment stupide. Dans leur désir d'être acceptés par un groupe, ils ont fait abstraction de tout bon sens, de tout esprit critique. S'ils se sont laissé ainsi influencer, c'est parce qu'ils n'ont pas eu la volonté de comprendre leurs motivations réelles. Pour être acceptés, ils ont eux-mêmes accepté ce qu'ils ne voulaient pas en se persuadant qu'ils le voulaient.

Vous avez peut-être reconnu, dans la liste à gauche, un comportement qui a été ou qui est toujours le vôtre, ou un comportement similaire.
Et il est possible que, lorsque cela s'est produit, vous vous soyez dit avec un certain effroi : "Mais comment ai-je pu en arriver là ?"

Chaque fois qu'il m'est arrivé d'agir ainsi, je dois admettre que c'est parce que j'ai substitué à mon propre jugement celui de quelqu'un d'autre, et le résultat ne s'est pas fait attendre. J'avais oublié la loi de la vie n° 1 : "Il y a ceux qui comprennent, et il y a les autres."
Ceux qui comprennent pensent par eux-mêmes et ne se contentent pas de suivre les idées des uns et des autres. Parce que, lorsqu'un problème surgit, il n'y a brusquement plus personne !
Je sais que ce n'est pas toujours facile. On a souvent envie de tenter de nouvelles expériences.
L'important est d'être conscient des conséquences possibles de ses actes. Il y a des limites, légales et morales, à ne pas dépasser.
La prochaine fois que vous vous retrouverez entraîné(e) dans une situation où vous risquez d'agir de façon inconsidérée, songez avant tout que, s'il y a un prix à payer, c'est vous qui le paierez.

Ne sous-estimez pas l'importance et la puissance de la pression du groupe. Vous y êtes soumis(e) quotidiennement et elle influence votre vie de manière décisive.
Si, toutefois, vous en prenez conscience, vous aurez alors un avantage : vous serez capable d'anticiper et de faire face. Vous saurez comment réagir à cette pression.

N'ayez pas peur : vous pouvez au contraire être fier(ère) de ne laisser personne vous dicter ce que vous devez faire, de savoir qui vous êtes et ce que vous voulez, de rester fidèle à vos propres valeurs.

Ne laissez personne vous dicter ce que vous avez à faire

Prenez quelques minutes pour noter 5 comportements que vous refusez, malgré la pression de votre entourage :

1.
2.
3.
4.
5.

Maintenant, notez 5 arguments que vous seriez prêt(e) à opposer à quelqu'un qui chercherait à vous persuader de faire quelque chose malgré vous. Imaginez que vous vous trouvez dans la situation réelle, face à cette personne :

1. "Il n'est pas question que je fasse cela parce que..."
2.
3.
4.
5.

Bravo ! Vous venez d'accomplir un pas de plus en direction de la prise de conscience.

Êtes-vous de ceux (celles) qui se confinent dans une existence sans risque ?

- Vous vous ennuyez souvent.
- Vous avez l'impression que ce que vous réalisez est sans valeur.
- Vous pensez que, pour la plupart, vos activités extrascolaires n'ont pas grand intérêt.
- Vous ne semblez pas prendre autant de plaisir que les autres dans ce que vous faites.
- Vous ne tenez jamais les promesses que vous vous faites.
- Vous n'avez pas de but bien défini dans la vie.
- Vous êtes plutôt craintif(ive).
- Vous pensez que votre vie n'a pas grand sens.
- Vous ne vous remettez jamais en question.

Ces différents points ne constituent pas une grande menace dans l'immédiat et ne vont pas détruire votre vie d'un coup. Ils ressemblent plutôt à des voies d'eau dans la coque d'un bateau. Vous n'allez pas sombrer brutalement comme le *Titanic*, mais vous enfoncer progressivement, au fil du temps.

Vivre dans un cocon n'est pas très satisfaisant

Que penser de ceux qui ne sont pas sensibles à la pression du groupe ni de qui ou quoi que ce soit d'ailleurs ?
Nous nous trouvons là dans la situation inverse. Mais elle n'est pas plus brillante pour autant. En effet, vous vous mentez également à vous-même si vous n'êtes pas capable de reconnaître que vous vivez bien au-dessous de vos potentialités, et que vous ne faites rien de significatif de votre vie. Ce mode d'existence est bien confortable : en prétendant que tout va bien, vous ne cherchez pas à faire quelque chose de mieux. Ainsi, chaque matin, vous vous levez, vous vous préparez, vous vous habillez et vous sortez de chez vous pour vaquer à vos activités. Vous vous sentez plutôt bien, mais, au fond, vous n'êtes pas aussi heureux(euse) que vous voulez bien le croire.
Ce genre d'existence n'est pas véritablement satisfaisant, mais vous refusez de le remettre en question car il vous apporte une certaine sécurité. Toutefois, vous n'y trouvez guère de raisons d'être particulièrement fier(ère) de vous, d'affirmer votre confiance en vous, de faire preuve d'initiative. Vous continuez à mener une existence sans risque.
Et vous vous mentez à vous-même en évitant de regarder les choses en face, en prétendant que tout est très bien comme cela. Vous refusez d'envisager que vous pourriez faire autre chose, vous vous contentez de vivre tranquillement en vous plaignant de vos parents, de vos professeurs, de vos problèmes d'argent. En effet, si vous admettiez que vous voulez davantage, vous vous retrouveriez alors dans une situation plus risquée, moins confortable car vous seriez alors obligé(e) d'agir pour y parvenir.
Ainsi, si vous décidez d'avoir de meilleures notes en classe, de meilleurs résultats sportifs, fréquenter des amis plus intéressants, améliorer vos relations avec vos parents… et si vous n'y parvenez pas, cela signifierait que vous êtes un(e) perdant(e), ce qui n'est pas facile à admettre. Donc, en évitant d'en vouloir trop, vous vous mettez à l'abri : vous ne risquez pas d'être déçu(e), puisque vous n'attendez rien de spécial.

Aussi longtemps que vous refuserez de prendre conscience de ces petits problèmes, ils grignoteront votre existence et gagneront du terrain. Au fur et à mesure des mois et des années qui passent, ils deviendront des habitudes qui pèseront sur votre vie et vous empêcheront de réaliser vos objectifs.

N'oubliez pas que vous êtes la seule personne capable de changer votre vie. Si vous avez vraiment le désir de changer, vous êtes le (la) seul(e) à pouvoir mettre en route le processus. Et si des modifications se produisent dans votre vie, ce sera parce que

vous avez changé votre manière d'agir et de penser. Mais cela implique, avant tout, que vous reconnaissiez la nécessité de changer. Sinon vous ne vous en sortirez jamais.
C'est simple : si vous continuez à faire ce que vous avez toujours fait, vous continuerez à avoir ce que vous avez toujours eu.
Si vous agissez différemment, votre vie sera différente.

Ne soyez pas frileux(euse)

À présent, il s'agit pour vous de prendre conscience des problèmes que vous n'avez jamais voulu reconnaître. Soyez intransigeant(e) envers vous-même, ne vous voilez pas la face. Il faut avoir le courage de voir les choses comme elles sont et non comme vous imaginez qu'elles sont.
Vous allez répondre à certaines questions, en toute franchise, sans tenter de vous dissimuler quoi que ce soit. Il est indispensable de découvrir d'une part ce que vous êtes, d'autre part ce que vous pourriez être.
Essayez au moins de déterminer ce qui ne vous satisfait pas dans :
- votre personnalité ;
- votre comportement ;
- vos croyances et vos valeurs ;
- vos relations avec les autres.

Il est tellement facile de se dire que l'on n'a aucune marge de manœuvre, aucun contrôle de la situation…
Rappelez-vous la loi de la vie n° 2 : "Nous créons notre propre expérience." Vous êtes tout à fait capable de contrôler la situation, de manœuvrer comme vous l'entendez. Si vous acceptez de reconnaître ce que vous devez corriger en vous, vous pouvez obtenir des résultats importants. Mais il faut du courage pour se voir tel(le) que l'on est et pour décider ce qui doit changer en soi et dans sa vie.
Ne rendez pas vos parents responsables de votre situation, si vous continuez à vous mentir, à refuser la réalité, sans vous remettre en question. Les jours succéderont aux jours, les semaines et les mois passeront, et vous vous retrouverez complètement démoralisé(e), ne sachant que faire.

Être honnête envers vous-même consiste à voir le monde tel qu'il est, votre vie telle qu'elle est. Cela consiste également à prendre conscience des problèmes qui se dessinent à l'horizon.

Ne vous voilez pas la face

Voici quelques exercices qui vous aideront à affronter la réalité, et à faire les premiers pas pour sortir de vos habitudes :
- Notez ce qui vous déplaît le plus en vous. Ex. : "Mes relations avec mes parents."
- De quelle manière avez-vous contribué à cet état de fait ? Considérez d'un œil impartial ce qui a pu se passer. Pour chaque défaut que vous reconnaissez chez vous, notez ce que vous avez fait pour en arriver là. Ex. : "Je refuse de les écouter, et je me mets en colère à la moindre provocation."
- Maintenant, décrivez en quelques mots ce qui changerait dans votre vie si le côté négatif que vous avez noté disparaissait. Ex. : "Je pourrais leur parler de mes problèmes. Ils m'écouteraient comme on écoute un adulte, et ils me répondraient comme à un adulte."
- Que pouvez-vous faire pour en arriver à cette situation idéale ? Ex. : "Je pourrais décider de ne pas m'énerver, quoi qu'ils disent ou fassent."

J'espère que vous avez été totalement honnête avec vous-même !

Une dernière chose : ne vous laissez pas abattre parce que vous avez des problèmes. Tous les problèmes ont des solutions !

Affrontez vos problèmes

Le fait d'en avoir pris conscience et de les avoir reconnus est déjà un grand pas. Cela signifie que c'est vous qui menez le jeu, à présent. Il y a certes du pain sur la planche, mais pour la première fois de votre vie, vous allez pouvoir changer des choses, simplement parce que vous avez compris qu'il fallait les changer. Si vous avez le courage d'être honnête avec vous-même, vous réussirez à sortir de votre confortable cocon et à briser le cercle des habitudes.

Vous vous souvenez de Lucy, qui détestait tellement les cours d'histoire ? Sa mauvaise note lors du premier contrôle d'histoire a provoqué un sursaut salutaire chez elle. Lucy s'est réveillée, elle a reconnu qu'elle avait un problème dans cette matière, et s'est arrangée pour y faire face. Elle déteste toujours autant l'histoire, mais elle a compris que l'on ne fait pas toujours ce que l'on aime dans la vie et qu'il faut parfois faire des concessions : "Je hais l'histoire et les cours d'histoire, mais si je ne veux pas avoir des notes catastrophiques aux contrôles, je dois travailler sérieusement."
Si elle avait persisté dans son déni de la réalité, blâmant son ennuyeux professeur, continuant à lire ses magazines dans le fond de la classe et bachotant ses examens à la toute dernière minute, Lucy aurait très certainement redoublé son année scolaire. Son réveil fut douloureux, mais elle parvint pourtant à s'y mettre, à force de volonté. Et, lorsque arriva le contrôle suivant, Lucy décrocha un 17 sur 20 en histoire. Mission accomplie.

Lucy a su réagir. Et c'est cela que vous devez faire. Si vous prenez clairement conscience des problèmes qui sont les vôtres, quels qu'ils soient, et si vous agissez en conséquence, vous vous en sortirez. Il suffit de comprendre et d'agir.
C'est justement le thème du chapitre qui suit.

En résumé

- Si vous ne savez pas reconnaître que quelque chose ne va pas, rien ne changera de ce côté-là.
- Ne compromettez pas vos chances de succès en niant vos problèmes.
- La pression du groupe peut vous aider à faire le point sur vous-même et à prendre vos distances. L'influence que les autres ont sur vous peut constituer un problème dont il faut prendre conscience et qu'il faut traiter.
- Il est souvent plus facile de rester enfermé(e) dans son cocon que d'affronter les difficultés. Mais si vous réussissez à en sortir, vous ne pourrez que vous en féliciter, vous serez largement dédommagé(e).

Loi n°5 :

“La vie récompense l’action.”

La vie récompense l'action

"Vous parlez tellement fort que je n'arrive pas à vous entendre." Ralph Waldo Emerson

CETTE NOUVELLE LOI PEUT VOUS AIDER À PRENDRE DES DÉCISIONS ET À VOUS Y TENIR. NE FAITES PAS PARTIE DE CEUX (CELLES) QUI SE LAISSENT BALLOTTER PAR LE COURANT.

Pourquoi avez-vous intérêt à suivre cette loi de la vie ?

Lorsque j'étais au lycée, j'étais amoureux fou d'une fille du nom de Jennifer. C'était la plus belle fille que je connaisse, et la plus sympa aussi. Nous étions bons amis et il nous arrivait, de temps à autre, de sortir ensemble. La grande soirée annuelle du lycée approchait, et je rêvais de m'y rendre avec elle. Cependant, je n'osais le lui demander. Ce n'était pas tellement le fait de lui poser la question qui me faisait peur, mais sa réponse… Je redoutais qu'elle refuse et j'en étais malade.
Finalement, je m'armai de courage et décidai de passer à l'action. J'en fus récompensé : je découvris que nos sentiments étaient réciproques. Nous allâmes donc ensemble au bal du lycée, et nous sortons ensemble depuis ce jour.

Si, de crainte d'être rejeté, je ne l'avais pas invitée, ce soir-là je serais resté chez moi, me morfondant à l'idée d'avoir manqué une si belle occasion. Si je n'avais pas osé, je n'aurais rien obtenu. Au contraire, je suis allé à une soirée agréable et j'ai trouvé une copine formidable ! Je suis donc la preuve vivante que la vie récompense l'action.

Jusqu'à présent, nous avons surtout parlé de la manière dont on pouvait arriver à vivre selon ses souhaits, ses désirs. Je voudrais insister sur un point essentiel : quel que soit l'intérêt que vous portez aux lois de la vie, si vous ne faites rien, vous n'obtiendrez rien.

Au cours des chapitres précédents, nous avons évoqué l'importance d'agir de manière responsable et de prendre conscience de tout ce qui doit être changé dans sa vie. Maintenant, il est temps d'agir.

La vie récompense l'action

Si vous agissez sans but réel, de façon peu constructive, vous recevrez de votre entourage une réponse du même style.
Qu'est-ce que cela signifie ? Tout simplement que les gens ne s'intéressent pas à vos problèmes.
Lorsque je commençai à m'intéresser aux lois de la vie, une des premières choses que j'ai dû admettre est que je me trouvais toujours une excuse pour ne pas faire ce que j'avais à faire. Je savais ce que je voulais ou ce que j'avais l'intention de faire, mais je ne faisais rien pour le réaliser.
La nature humaine est ainsi faite. Nous appartenons à une société qui a toujours tendance à tout remettre au lendemain. On se réveille, le matin, et l'on se dit : "Il faudra que je fasse ceci ou cela un de ces jours." Mais ce jour demeure toujours lointain.
Les intentions, les idées, les projets, qui ne sont pas suivis d'action, sont nos pires ennemis. Les gens n'ont que faire de vos intentions, fussent-elles des plus louables. Ils vous jugent sur vos actes.
Votre professeur de maths se moque de savoir si vous aviez l'intention de lui rendre votre copie ; vos parents se moquent de savoir si vous vouliez ranger votre chambre ou rentrer à l'heure ; votre chien se moque de savoir si vous aviez l'intention de le nourrir.
N'oubliez pas ce fait que vous pouvez vérifier tous les jours : tout le monde, autour de vous, a l'intention d'en faire davantage. Chacun veut être plus que ce qu'il est, le meilleur élève de la classe ou le plus sympa, devenir un grand sportif ou un top model célèbre…

Mais ce n'est pas en rêvassant dans votre chambre que vous parviendrez à obtenir ce que vous souhaitez.
Au contraire, cette attitude risque de vous empêcher d'agir. Si vous vivez coupé(e) de la réalité, vous y trouverez sans doute une certaine satisfaction, un certain bien-être même, mais qui risque d'être un frein à vos intentions.
Posez-vous les questions suivantes :
– Vivez-vous dans le fantasme ou dans la réalité ?
– Passez-vous beaucoup de temps à rêvasser ?
– Vous trouvez-vous toujours une excuse pour ne pas avoir fait telle ou telle chose ?
– Ou bien êtes-vous décidé(e) à bouger ?

En quelques mots…

Dans le livre de mon père dont je vous ai déjà parlé, *Seul Maître à bord*, il y a une formule que je trouve à la fois simple et géniale :
- être ;
- faire ;
- avoir.

Autrement dit : il faut **être** déterminé, **faire** ce qu'il convient pour **avoir** ce que l'on veut.

"Faire ou ne pas faire : l'essentiel est d'essayer."
Star Wars
(Yoda)

Prévoir est une bonne chose, faire est encore mieux. N'hésitez pas à vous lancer et profitez des occasions qui se présentent à vous.

Petit exercice

1. Notez les 5 personnes qui comptent le plus pour vous :

1.
2.
3.
4.
5.

2. Maintenant, notez ce que vous penseriez, si ces personnes venaient à disparaître brutalement.

1.
2.
3.
4.
5.

3. À présent, passez à l'action : dites à ces personnes ce que vous venez d'écrire. Choisissez l'heure, l'endroit, le moyen (par lettre, téléphone ou en face), mais faites-leur part des sentiments que vous éprouvez pour elles.

Le seul critère valable : les résultats

Nous vivons dans un monde qui s'intéresse avant tout aux résultats. Il faut donc mesurer vos réussites ou vos échecs en fonction de ce que vous avez réalisé ou obtenu et non de ce que vous pensez ou souhaitez. L'arbitre qui totalise les points durant un match de foot ne tient pas compte de l'intention du joueur, mais des buts qu'il a marqués. Dans la société qui est la nôtre, on ne vous demandera pas ce que vous envisagez de faire, mais ce que vous avez réellement fait jusqu'à présent.
Voilà pourquoi il faut que, dès à présent, vous obteniez des résultats. Il faut que vous preniez les mesures nécessaires pour améliorer votre vie et obtenir ce que vous souhaitez. Personne ne le fera à votre place.

Pour vous convaincre, voici l'histoire de Jessica, une amie de longue date. C'est une des filles les plus intelligentes, les plus douées que je connaisse. Elle est non seulement brillante, mais aussi très sympa. Le problème, c'est qu'elle vient d'avoir vingt-huit ans et qu'elle vit toujours chez ses parents. Elle a beaucoup grossi et n'a pas de copain. À vrai dire, elle ne voit plus grand monde car la plupart de ses amis ont déménagé et elle ne fait aucun effort pour sortir et rencontrer des gens.
Vous vous dites peut-être : "Voilà encore une fille qui est paresseuse et qui n'a aucune idée de ce qu'elle veut..." Mais non. C'est tout le contraire. Jessica sait parfaitement ce qu'elle veut, et elle n'a pas besoin qu'on lui explique ce qu'il faut faire pour avancer. Elle a même élaboré des stratégies bien précises. Elle a ainsi prévu de s'inscrire à la faculté de médecine, de perdre un certain nombre de kilos, de renouveler sa garde-robe et, enfin, de recommencer à sortir pour rencontrer un garçon.
Mais elle n'a jamais réussi à concrétiser ses intentions. Elle en a toujours été empêchée par quelque chose. Ainsi, elle n'a pas pu s'inscrire à la faculté de médecine parce qu'elle n'avait pas d'argent. Elle ne pouvait pas gagner d'argent parce qu'elle n'avait pas de travail. Elle ne pouvait pas travailler parce qu'il fallait qu'elle étudie. Elle n'a jamais pu perdre de poids à cause des délicieux petits gâteaux que lui prépare sa mère. Et tant qu'elle n'a pas maigri, elle estime qu'elle n'a aucune chance de trouver un garçon, et qu'il est donc inutile d'essayer.

Le problème de Jessica, c'est qu'elle n'a jamais su se décider à agir. Vous souvenez-vous du programme en trois temps énoncé un peu plus haut : *être, faire, avoir* ? Jessica est consciente de ce qu'il faut faire, mais elle ne le fait pas. En conséquence, elle ne parviendra jamais à avoir ce qu'elle souhaite.
Voilà pourquoi il vous faut agir. Vous ne deviendrez l'artisan de votre destin que lorsque vous aurez commencé à agir.

Cela me fait penser à mon grand-père, que j'aimais beaucoup. J'avais toujours été très proche de lui, mais je le voyais beaucoup moins depuis que j'étais entré en Troisième. Je m'étais inscrit au foot et j'avais de nombreuses activités qui me prenaient beaucoup de temps. C'est alors que mon père m'a poussé à aller lui rendre visite régulièrement. Nous allions au cinéma, au restaurant, nous passions des moments très agréables… Ce qui était curieux, ce n'était pas tant que je passe du temps avec mon grand-père, mais que mon père m'ait quasiment forcé à le faire. Avec le recul, je sais que mon père avait raison. Il savait une chose que j'ignorais alors, il savait que mon grand-père était en sursis, que ses jours étaient comptés. Il savait aussi que je m'en serais toujours voulu si j'avais continué à reporter sans cesse mes visites. Heureusement, j'ai suivi les conseils de mon père et je suis souvent allé voir mon grand-père durant ces quelques semaines qui ont précédé sa disparition. Si je ne l'avais pas fait, je n'aurais jamais eu d'autres occasions.

Ne laissez jamais passer une occasion, car l'existence est pleine de surprises. Et vous risquez de regretter toute votre vie de n'avoir pas été là quand il le fallait.

Le monde ne s'arrêtera pas de tourner pour vous attendre. C'est à vous de prendre l'initiative.

Sachez évaluer les risques

Ayez, au préalable, une petite conversation avec vous-même, du genre :

- **"Il existe de nombreux obstacles."**
Certes, il y a des obstacles. Mais je les surmonterai un à un, comme un commando d'élite dans un camp d'entraînement.
- **"Est-ce que je fais le poids ? Est-ce que je suis capable de le faire ?"**
Eh bien, oui, vous allez voir !
- **"Je n'y arriverai peut-être pas."**
La première fois, ce n'est pas impossible.
- **"On va m'envoyer promener."**
On n'obtient pas toujours ce qu'on demande du 1er coup, mais je persévérerai jusqu'à ce que j'obtienne ce que je veux.
- **"Je cours droit à l'échec."**
L'échec serait de ne pas essayer.

Personne ne le fera à votre place

Au cours de mes deux ou trois premières années de lycée, j'obtenais régulièrement des notes moyennes tournant autour de 11 sur 20. Je rêvais d'avoir des 16 ou des 17, et même des 18… Et j'attendais probablement que quelqu'un fasse le travail à ma place, car, de mon côté, je ne faisais rien pour que la situation change. Avoir un 18 sur 20 me paraissait hors de portée, comme si la note se trouvait tout en haut d'un immeuble de cent étages dont je n'étais même pas capable de trouver l'ascenseur !

Ma première erreur était sans doute de ne pas me rendre compte que la télévision, devant laquelle je passais des heures, ne m'aiderait jamais à obtenir de meilleures notes. Je n'avais pas compris que c'est en travaillant dès le début du trimestre que l'on arrive à être en tête de classe. Je n'avais pas compris non plus que c'est en obtenant des 18 à ses devoirs que l'on peut espérer des 18 aux contrôles, et des 18 en fin d'année. Je constatais simplement que mes notes tournaient autour de 11 sur 20, alors que j'aurais tellement voulu avoir des 18. Il ne suffisait pas de vouloir que mes notes s'améliorent, encore fallait-il grimper un à un les cent étages de l'immeuble, en haut duquel se trouvait la note 18.

Cela est valable pour tout. Le fait de souhaiter perdre cinq ou six kilos ne vous fera pas paraître plus mince en maillot de bain. De même, le fait de rêver de jouer divinement du trombone ne vous aidera pas à déchiffrer une partition. Vous n'obtiendrez quelque chose que si vous faites ce qu'il faut pour l'avoir. Alors, ne perdez pas de temps. Si vous ne faites rien, vous n'aurez rien. Si vous voulez faire partie de l'équipe de basket, ce n'est pas l'entraîneur qui viendra vous chercher jusque chez vous pour vous demander gentiment de l'accompagner.

Savoir prendre des risques

Il est toujours plus facile de ne pas se risquer à entreprendre quelque chose de nouveau. Évidemment, ce n'est pas très gratifiant, mais comme on ne prend pas de risques, on ne risque pas d'échouer, d'être rejeté. On s'évite ainsi des déceptions et des désagréments. Mais, en fait, on découvre que ne pas agir nous rend tout aussi malheureux. Car le simple fait de tenter quelque chose nous permet de sortir de nous-mêmes, d'aller plus loin, et de découvrir des choses différentes.

Ainsi, l'année dernière, j'ai voulu tenter quelque chose de nouveau, et je suis, aujourd'hui, très content de l'avoir fait.

Au début de l'année universitaire, je me suis aperçu que toutes les cours que j'avais choisis concernaient des sujets plutôt faciles, qui ne me poseraient aucun problème. J'ai alors décidé de prendre un risque – pas énorme, certes –, et je me suis inscrit en astronomie. Pourquoi l'astronomie ? Parce que ce domaine constituait pour moi une parfaite inconnue. Je m'imaginais que nous observerions des étoiles, peut-être des constellations et que le plus difficile serait d'épeler le mot "Uranus". Je me trompais lourdement.

L'astronomie, c'est avant tout un cours de mathématiques, et pas des plus faciles. Le premier jour, le professeur nous annonça tranquillement : "Vous allez calculer à quelle distance se trouve l'étoile F5 dans la galaxie d'Andromède. Vous utiliserez pour cela la parallaxe, le carré inverse de la loi de proportionnalité de la lumière, et la limite de Chandrasekhar. L'exercice n'est pas très difficile."

Je n'avais pas compris le moindre mot du discours du professeur. Peut-être m'étais-je trompé de salle et étais-je tombé dans un cours de grec ? Mais je découvris bien vite qu'il n'en était rien. Le risque était plus grand que je ne l'avais cru. Je n'étais pas obligé de suivre ce cours et j'aurais pu changer et faire de la poterie ou quelque chose de plus facile. Mais je décidai de m'accrocher. Je savais que, si j'arrivais à suivre ce cours, j'en retirerais beaucoup plus de satisfaction qu'en faisant de la poterie.

Pas une seule fois durant l'année, il ne fut question de la Grande Ourse ! L'enseignement portait sur une lointaine galaxie dont je n'avais jamais entendu parler. J'ai passé plus de temps à travailler pour ce cours d'astronomie que pour n'importe quelle autre matière. Ce qui aurait pu tourner au cauchemar se révéla en fait très gratifiant. Finalement, j'obtins des notes correctes, et je terminai l'année honorablement. Indépendamment de mes notes, j'étais plus heureux d'avoir réussi à relever ce défi que d'avoir réussi dans toues les autres matières.

Il n'est pas mauvais, parfois, de prendre des risques et de faire tout ce qu'il faut, dans la foulée, pour réussir. Lorsque je vous dis de prendre des risques, je ne vous parle pas de faire de la plongée sous-marine ou du parapente, mais simplement de désirer faire quelque chose de plus et d'agir de manière à y parvenir. Pour atteindre les buts qui sont les vôtres, il faut que vous soyez déterminé(e) dès à présent à prendre le risque qu'il faut, à faire l'effort nécessaire et à persévérer. Il faut que votre vie soit couronnée de victoires et de récompenses.

Si vous êtes perdant(e), cela signifie qu'il existe un gagnant, et donc qu'il est possible de gagner.

Vous aussi, vous pouvez le faire, mais cela n'arrivera pas par hasard. Cela arrivera parce que vous l'aurez décidé. Et parce que vous aurez tout fait pour que cela arrive. Il ne faut pas hésiter à vous lancer dans l'action sans jamais perdre de vue les résultats qui vont suivre.

Voilà l'une des plus importantes lois de la vie.

Un peu de courage !

1. Imaginez que vous vous décidiez enfin à devenir bénévole dans une association humanitaire ou à demander à la fille ou au garçon qui vous plaît de sortir avec vous.
Notez 3 choses que vous avez toujours eu envie de faire mais que vous n'avez jamais osé faire :

1.
2.
3.

2. À présent, notez 3 choses que vous pouvez faire dès aujourd'hui pour vous permettre de réaliser ce que vous venez d'inscrire plus haut :

1.
2.
3.

3. Et maintenant... allez-y !

"Ne laissez pas la peur de l'échec croiser votre chemin." Babe Ruth

Si ce que vous avez envie de faire vous paraît être un défi impossible, ne vous laissez pas intimider. Ne vous laissez décourager par rien ni personne. Il est tellement facile de perdre confiance ! Surtout si ce que l'on a entrepris semble vouloir échouer !

Il n'est pas d'obstacle dont on ne puisse venir à bout

J'ai envie de vous raconter l'histoire de Mia, une de mes anciennes amies de lycée. Elle est exemplaire car elle prouve que vous devez persévérer envers et contre tout.

Lorsque Mia eut quinze ans, ses parents divorcèrent. Son père partit s'installer dans une autre ville et coupa bientôt tout contact, négligeant même de payer la pension alimentaire de sa fille. Mia et sa mère se retrouvèrent dans une situation financière difficile. Mia dut renoncer à pas mal de choses que la plupart des adolescents considèrent évidentes, comme acheter des vêtements, des disques… Elle espérait obtenir une bourse pour aller à l'Université, mais comme elle travaillait beaucoup pour gagner un peu d'argent, ses études s'en ressentirent.

Mia ne se découragea pas pour autant. Elle décida de travailler à plein temps pendant un an afin de mettre assez d'argent de côté pour lui permettre de commencer des études supérieures. Par la suite, tout en allant à la fac, elle garda un emploi à mi-temps, de manière à assurer son existence. Elle parvint ainsi à terminer ses études. Elle était souvent fatiguée, parfois découragée en comparant sa situation avec celle des étudiants pour qui la vie était plus facile, mais elle persévéra et ne perdit jamais de vue son but : obtenir son diplôme.

Mia n'a jamais abandonné ni douté de sa réussite.

Vous non plus, vous ne devriez jamais en douter. Le secret ? S'engager dès à présent dans une stratégie intelligente et constructive. La réussite sera au rendez-vous.

En résumé

- Être (déterminé), faire (ce qu'il faut), avoir (ce que l'on veut). Qui n'ose rien n'a rien.
- C'est dès à présent que vous devez agir. Plus tard, ce sera peut-être trop tard.
- Acceptez de prendre des risques calculés, des risques raisonnables. Si vous n'essayez pas, vous ne pouvez pas réussir.
- Ne baissez pas les bras si vous ne réussissez pas du premier coup. Si vous persistez dans vos efforts, vous arriverez à vos fins.

Loi n° 6 :

“La réalité n’existe pas, seule compte la perception qu’on en a.”

La réalité n'existe pas, seule compte la perception qu'on en a

"On peut regretter que les roses aient des épines ou se réjouir des roses qui accompagnent les épines."
Ziggy

Histoire vraie

Un de mes cousins, plus âgé que moi, a travaillé un été comme garçon de salle dans un hôpital psychiatrique. Il m'a raconté l'histoire d'un homme qui était interné, et que tout le monde appelait Woody.
Le pauvre Woody souffrait d'hallucinations visuelles. Il "voyait" des monstres.
Le psychiatre qui le suivait lui demanda un jour de dessiner les monstres qui l'effrayaient.

.../...

SUIVEZ CETTE LOI ET VOUS SAUREZ SI LA VISION QUE VOUS AVEZ DE VOTRE VIE EST JUSTE. APPRENEZ À FAIRE LE POINT AFIN DE BIEN VISER ET D'ATTEINDRE VOTRE BUT.

Pourquoi avez-vous intérêt à suivre cette loi de la vie ?

Vous pensez voir le monde tel qu'il est : les arbres sont verts, le ciel est bleu, les gens que vous croisez ont deux yeux, un nez, une bouche... Tout cela vous semble normal.
Mais supposez un instant que vous portiez en fait des verres de contact et que quelqu'un vous les enlève brusquement, et alors... tout serait changé : les arbres seraient bleus, le ciel rouge, les gens ressembleraient à des extraterrestres... Ce serait assez bizarre, n'est-ce pas ? Peut-être auriez-vous l'impression de vous retrouver dans ce film, *Matrix*, où le personnage principal finit par découvrir que ce qu'il croit être la réalité n'est qu'un univers virtuel ?
L'idée n'est pas aussi invraisemblable qu'il y paraît. Lorsque je dis que la réalité n'existe pas, cela signifie que chacun perçoit une réalité différente selon sa personnalité. Chacun voit les choses à sa manière. Nos émotions – telles que la peur, l'angoisse, le découragement ou la tristesse – résultent de notre perception des événements.
En d'autres termes, quoi qu'il nous arrive, nous sommes seuls responsables de l'interprétation que nous en faisons.

Prenons un exemple pour mieux comprendre cette loi de la vie. Voici une journée comme les autres. Vous vous trouvez à la cafétéria qui est en face du lycée, et vous croisez une fille que vous connaissez de vue, mais avec laquelle vous n'avez jamais discuté. Elle vous lance au passage : "Salut." Vous demeurez perplexe : qu'a-t-elle voulu dire ? quel est le sens de ce "Salut" ? était-ce une manière de rentrer en contact ? voulait-elle que vous lui répondiez "Salut" vous aussi et que vous preniez un café avec elle ? est-ce parce qu'elle s'est soudain trouvée en face de vous et ne savait trop comment réagir ? est-ce qu'elle ne s'adressait pas, par hasard, à la personne qui se trouvait juste derrière vous ? Difficile, n'est-ce pas ? Mais c'est toujours ainsi : en réalité, vous ne réagissez pas à l'événement (ici, le "Salut" de la fille), mais à l'interprétation que vous en faites (ici, la façon dont vous comprenez ce "Salut"). Votre manière de voir et d'interpréter certains événements ne dépend que de vous. Seule compte la perception.

Un sage a dit un jour : "Si vous pensez y arriver, vous avez raison ; si vous pensez ne pas pouvoir y arriver, vous avez également raison." Si votre propre perception vous indique que vous affronterez sans peur une situation, il en ira ainsi. Et si votre propre perception vous indique que vous serez mort(e) de peur, cela est aussi vrai.

Nous en arrivons à la grande question que vous devez vous poser : "Est-ce que la manière dont je vois ce qui se passe autour de moi est correcte ? L'image que j'en ai n'est-elle pas déformée par une vision faussée ? Est-ce que je ne vois pas les choses à travers des verres déformants ?"

Par exemple, la façon dont vous percevez vos parents, vos professeurs, vos amis correspond-elle à ce qu'ils sont réellement ? La façon dont ils vous perçoivent est-elle vraiment celle que vous croyez ?

À chacun ses lentilles

Vous devez tout d'abord vous demander quel type de lentilles vous portez. Chacun voit le monde à travers ses propres verres. Dans les descriptions qui suivent, vous trouverez sûrement des lentilles qui ressemblent aux vôtres !

- **Les lentilles égocentriques**

Avec ces lentilles, vous évaluez les événements qui se produisent uniquement en fonction de la façon dont ils peuvent affecter votre vie. Vous ne retenez que ce qui vous concerne ou peut vous concerner.

- **Les lentilles du regard de l'autre**

Ces lentilles-là se focalisent uniquement sur le regard que les autres ont sur vous. Si vous y voyez une image positive, où vous décelez l'approbation, l'affection, l'admiration, vous êtes satisfait(e). Vous êtes de ceux (celles) pour qui rien n'est plus important que d'être accepté(e) par les autres.

- **Les lentilles de l'amour**

Elles sont un peu semblables aux précédentes, avec un caractère plus accentué encore. Au lieu de l'approbation des autres, vous recherchez avant tout l'amour d'une fille ou d'un garçon. Tout votre univers ne tourne qu'autour de cette question : "Suis-je aimé(e) ?"

- **Les lentilles matérielles**

Elles s'orientent sur la richesse matérielle. Vous vous préoccupez avant tout de ce que vous possédez ou voulez posséder et ne

.../...

Woody, qui avait beaucoup de talent pour le dessin, crayonna avec précision les créatures épouvantables qui peuplaient ses jours et ses nuits : de véritables monstres à la tête énorme, pourvus de gueules aux crocs redoutables et de mains aux longues griffes acérées. Un jour, il se mit à hurler de manière démentielle dans la salle où il se trouvait. Les monstres l'attaquaient ! Deux garçons de salle tentèrent de le calmer. En vain. Il se débattait, en proie à son délire. De fait, Woody se mit dans un tel état qu'il fut victime d'une crise cardiaque. Il serait mort s'il ne s'était pas trouvé dans un hôpital.

Cette histoire dramatique illustre la manière dont nous réagissons tous. Nous sommes dépendants non pas des événements, mais de la façon dont nous les vivons, dont nous les voyons. Et, sans aller jusqu'au délire de Woody, nous déformons continuellement la réalité.

“Vous avez intérêt à demeurer clair et lumineux car vous êtes la fenêtre à travers laquelle vous devez voir le monde.” George Bernard Shaw

Faites la mise au point

1. Quelles sont les lentilles avec lesquelles vous vivez ?
2. De quelle façon améliorent-elles votre vie ?
3. De quelle façon vous gâchent-elles la vie ?

pouvez vous empêcher de comparer vos possessions à celles des autres.

• **Les lentilles du succès**

Avec elles, vous ne jugez les gens, à commencer par vous, qu'en fonction de ce qu'ils ont accompli, obtenu. Vous êtes obsédé(e) par les notes en classe, les titres, les distinctions... Vous n'avez guère d'autres critères d'évaluation.

• **Les lentilles de l'autorité**

Ces lentilles vous forcent à vous focaliser sur tous ceux qui, autour de vous, représentent l'autorité. Soit vous ne pensez qu'à obtenir leur approbation, soit vous ne supportez pas leur autorité et vous rebellez contre elle. Dans un cas comme dans l'autre, votre obsession envahit vos pensées, vos sentiments, vos actions.

• **Les lentilles de la victime**

Voir le monde à travers ces lentilles vous conduit à penser que vous êtes une éternelle victime. Tout ce qui vous arrive n'est jamais de votre faute et vous êtes persuadé(e) que le monde entier vous en veut.

• **Les lentilles de la haine**

Avec ces lentilles, vous voyez un ennemi derrière chaque porte, chaque arbre, chaque visage. Et si quelqu'un est gentil avec vous, c'est certainement parce qu'il dissimule une intention malveillante.

• **Les lentilles de la sécurité**

Elles vous font considérer la vie comme un endroit où il vaut mieux se mettre à l'abri qu'en plein vent. Avec elles, vous ne prenez jamais de risques : vous ne voulez pas vous mettre dans des situations où vous pourriez souffrir d'un échec.

Toutes ces lentilles offrent une image du monde bien tranchée. Et surtout, chacune témoigne d'un choix personnel dans votre façon de voir les choses. N'oubliez pas, cependant, que l'on peut toujours changer de lentilles !

"J'entends des voix"

Ce n'est pas seulement la façon dont vous voyez les choses qui influe sur votre perception, mais aussi la façon dont vous vous parlez. Imaginez que vous possédiez à l'intérieur de votre crâne un magnétophone doté d'une mémoire colossale et fonctionnant vingt-quatre heures sur vingt-quatre. Ce magnétophone enregistre continuellement vos pensées, vos sentiments, vos certitudes et vos doutes. Ils vous sont tellement familiers que vous n'en êtes même plus conscient(e).

Ces bandes magnétiques nous influencent tous énormément. Elles tournent nuit et jour, en tous lieux, en toutes circonstances. Si nous les laissons prendre le dessus, elles risquent d'avoir des effets dévastateurs.

Je vous ai parlé des petits groupes de discussion qui me donnent l'occasion de poser un certain nombre de questions aux garçons et aux filles qui ont entre quinze et vingt ans.

J'ai d'abord interrogé les filles : "Dites ce qui vous vient automatiquement à l'esprit lorsque vous pensez aux garçons en général ?"

Voici les réponses qu'elles ont faites :

- Les garçons sont des pauvres types.
- Les garçons ne pensent qu'à une seule chose : le sexe.
- Les garçons refusent de parler des sentiments en général.
- Les garçons ne s'intéressent qu'au sport.
- Les garçons passent leur temps à se plaindre.
- Quand vous pouvez faire confiance à un garçon, il peut se révéler amusant.
- Les garçons sont tous des machos qui manquent de confiance en eux.

J'ai ensuite posé la même question aux garçons : "Dites ce qui vous vient automatiquement à l'esprit lorsque vous pensez aux filles en général ?"

Voici leurs réponses :

- Les filles sont des hypocrites.
- Les filles passent leur temps à bavarder et à raconter des histoires sur les autres.
- On ne peut pas vivre avec elles, mais on ne peut pas vivre sans elles.
- Les filles ne sont jamais satisfaites.
- Les filles sont trop émotives.
- Les filles ne pensent qu'à leur apparence.
- Les filles cherchent à vous détourner de vos amis, de ce qui vous intéresse.

Les profs ? Des tortionnaires !

J'ai demandé à mon petit groupe de discussion comment il voyait les professeurs :

- Les professeurs sont trop autoritaires.
- Ils font vraiment le minimum.
- Ils ne considèrent pas les élèves comme des individus, mais comme des numéros.
- Ils sont des ratés. Autrement, ils feraient un autre métier.
- Ils sont arrogants.
- Les profs ? Des tortionnaires !

Les parents ? Ils disent toujours non !

Pour terminer, je leur ai demandé leur avis sur les parents, en général :

- Ils ne vous écoutent jamais et ne vous prennent pas au sérieux.
- Ils sont des gens qu'on aime mais qui ne sont pas forcément sympas.
- Ils sont toujours noyés dans leurs problèmes.
- Ils sont capables de grands sacrifices.
- Ils disent toujours non.
- Ils préfèrent vous ignorer plutôt que discuter avec vous.
- Ils adorent vous tenir en laisse.
- Ils baissent les bras trop facilement.

Ne laissez pas des images stéréotypées fausser votre perception !

Oubliez les stéréotypes

Ce comportement qui consiste à étiqueter les autres se répète tout le temps.
Par exemple, **vous êtes un garçon** et vous venez de faire la connaissance d'une fille. Vous l'emmenez au cinéma et elle pleure lors d'une scène particulièrement triste. Vous vous dites : "Elle est comme les autres, trop émotive ; je ne crois pas que ça puisse marcher avec elle..."
À l'inverse, **vous êtes une fille** et vous êtes persuadée que tous les garçons ne pensent qu'à une chose... Il suffit que le garçon qui vous a emmenée au cinéma tende le bras vers la boîte de pop-corn sur vos genoux, pour que vous vous raidissiez en pensant : "Il est comme tous les autres : il cherche à me peloter !" Mais peut-être était-il avant tout intéressé par... le pop-corn ?

Toutes ces opinions constituent essentiellement des "enregistrements", des pensées qui nous viennent automatiquement quand nous évoquons les parents, les professeurs, les garçons ou les filles. Ces enregistrements se rattachent au passé et renferment, telles des bandes magnétiques, ce que nous avons perçu, ou ce que nous avons cru percevoir. La question est de savoir s'ils sont encore valables pour juger une situation nouvelle.

Vous connaissez peut-être un garçon stupide, une fille égocentrique, un professeur cruel, des parents peu attentifs, mais ces expériences négatives ne doivent pas vous servir de base dans vos rapports avec les autres.
Ce que vous allez percevoir, ce n'est pas la fille ou le garçon qui est là avec vous, ce n'est pas le professeur qui est en train de faire son cours, ce ne sont pas vos parents, mais autre chose : une image stéréotypée qui va se superposer à l'image actuelle et fausser votre perception, et qui va par là même risquer de nuire à vos relations.
Par exemple, si vous percevez vos propres parents selon l'image type négative que vous pouvez avoir des parents en général, vos rapports ne s'amélioreront guère. Vous les aurez jugés à l'avance, votre esprit sera fermé et vous n'entendrez pas ce qu'ils vous disent.

Même si vous êtes certain(e) de penser de manière positive, le côté négatif de ces "bandes magnétiques" risque de prendre le dessus et de vous empêcher d'avoir une perception correcte de ce que vous entendez.
Ces bandes tournent de manière si continue, que vous aurez du mal à croire qu'il puisse y avoir une autre réalité. Vous ne cherchez pas à trouver autre chose et vous n'attendez en fait que la confirmation de ce que vous pensez *a priori*.

Les bandes magnétiques qui vous concernent

Il faut que vous vous méfiiez non seulement de ces "enregistrements" qui concernent les garçons, les filles, les parents ou les professeurs, mais également de ceux qui vous concernent, vous.

Si vous avez une mauvaise opinion de vous-même : par exemple, si vous manquez de confiance en vous, si vous vous méprisez, cela signifie que les bandes magnétiques négatives continuent à tourner.
Si, avant un examen, une compétition, une démarche quelconque, vous pensez automatiquement que vous n'êtes pas assez bon, que vous êtes incapable de le faire, etc., alors que pensez-vous qu'il puisse arriver lorsque vous entrerez en piste ?

Vous devez prendre conscience que, si vous continuez à écouter ces messages, avec tout ce qu'ils contiennent de négatif, vous ne parviendrez jamais à surmonter les obstacles qu'ils engendreront et vous serez conduit(e) à une existence médiocre. Vous deviendrez vous-même votre pire ennemi.

À l'inverse, si vous parvenez à prendre de la distance et à regarder les choses sous un angle nouveau, vous vous ouvrirez les portes de la réussite.

Des perspectives nouvelles

Dès maintenant, vous pouvez choisir de ne plus vivre avec ces *a priori*, ces interprétations qui sont les vôtres depuis toujours. Il vous suffit de décider d'avoir désormais un autre regard sur ce qui vous entoure, c'est-à-dire une autre perception.
Plus de lentilles déformantes, plus de bandes magnétiques négatives ! Votre horizon s'élargira et s'éclaircira.

Remettez en question vos suppositions.
Par exemple, si vous perceviez jusqu'à présent le sexe opposé à travers les lentilles de la haine ou des "enregistrements" négatifs, débarrassez-vous de vos lentilles et vos bandes, et voyez les choses autrement.
Si vous êtes une fille qui pense sérieusement que tous les garçons sont des imbéciles, vous pouvez vous dire, alors : "Le prochain garçon que je rencontre, je vais essayer de me faire une opinion objective sur lui, en fonction de ce qu'il dit, de ce qu'il fait, ici et maintenant. Il n'est pas question que je retombe dans les généralisations que je me faisais à propos des garçons."

Il se peut que vous soyez du genre à porter des lentilles égocentriques. Si vous en avez pris conscience, vous pouvez vous guérir de votre travers : quelle erreur de croire que l'on est le centre du monde ! Vos parents divorcent : c'est à cause de vous. Votre famille a des problèmes d'argent : c'est de votre faute. Votre père est de mauvaise humeur : vous en êtes responsable…

Ayez une approche plus réaliste afin de découvrir quels sont les véritables problèmes.
Les décisions que vous allez être amené(e) à prendre ne doivent plus l'être en fonction d'anciens critères mais de la situation telle qu'elle se présente, ici et maintenant. Le dialogue que vous allez avoir avec vous-même doit être différent de ce qu'il était. Il vous permettra de surmonter plus facilement les obstacles. L'attitude que vous adopterez est la vôtre, elle ne dépend que de vous, c'est votre choix personnel.

Faites la sourde oreille

Ce n'est pas la réalité qui pose problème pour vous, c'est cette bande magnétique qui répète sans cesse des phrases négatives du genre :
1. "Je ne suis pas assez intelligent(e)."
2. "Les autres sont bien plus intéressants que moi."
3. "Que je fasse ceci ou cela… quelle importance ?"
4. "J'aurai beau faire, rien ne changera."
5. "Les gens ne vont pas tarder à s'apercevoir que je suis stupide."

À vous de décider d'avoir désormais un autre regard sur ce qui vous entoure, c'est-à-dire une autre perception.

Ne vous laissez pas conduire par la voix des autres. Vous êtes la seule personne capable de changer votre perception des choses et du monde, et capable de dire dans quelle direction vous voulez aller.

C'est votre propre choix

N'oubliez pas une chose essentielle : c'est votre voix actuelle qui doit se faire entendre, pas celle du passé, ni celle de quelqu'un d'autre.

C'est à travers cette voix que vous allez exprimer votre détermination, vous frayer un chemin vers la réussite.

C'est à vous de vous exprimer, clairement et lucidement.

En résumé

- Les émotions que vous pouvez éprouver dépendent de vos perceptions. Si vous percevez quelque chose ou quelqu'un comme inquiétant, alors ce quelque chose ou ce quelqu'un se révélera véritablement inquiétant.
- Votre perception du monde passe par les lentilles à travers lesquelles vous observez les choses. Mais vous pouvez très bien changer de lentilles !
- Ne soyez pas influencé(e) par les "bandes magnétiques" qui résonnent encore dans votre tête. Essayez d'évaluer chaque événement selon la situation présente.
- Vous êtes la seule personne à pouvoir changer votre perception de la vie et de vous-même.

Loi n°7 :

“On gère sa vie, on ne la subit pas.”

On gère sa vie, on ne la subit pas

"Nous sommes ce que nous faisons continuellement. C'est pourquoi l'excellence constitue une habitude, et non un acte isolé." Aristote

Les stratégies et profils à éviter :

- le chien battu ;
- l'autruche ;
- l'accro à la télé ;
- les attitudes mièvres ;
- l'éternel enfant ;
- la fausse innocence.

Mieux vaut le savoir !

Il y aura toujours, parmi les élèves de votre classe, quelqu'un qui vous ennuiera ; il y aura toujours, au lycée, pour une raison que vous ignorez, un professeur qui s'acharnera contre vous ; il y aura toujours des incompréhensions de la part de parents, de frères, de sœurs ou d'amis. Les problèmes font partie de la vie.

LISEZ BIEN CETTE LOI POUR SAVOIR COMMENT VOUS METTRE EN ROUTE ET CONTINUER À AVANCER. APPRENEZ À PROGRAMMER VOTRE VIE DE MANIÈRE EFFICACE AU LIEU D'ATTENDRE LA RÉUSSITE.

Pourquoi avez-vous intérêt à suivre cette loi de la vie ?

Vous avez donc déjà passé en revue six lois de la vie. Cependant, n'oubliez pas que, aussi importantes soient-elles, ces lois de la vie ne vous empêcheront pas de vous trouver confronté(e) à des problèmes. Vous en avez toujours eu, et vous en aurez toujours. Mon intention n'est pas de vous décourager. Mais il serait naïf de penser que le fait de savoir comment fonctionne le monde vous permettra d'avoir une vie exempte de difficultés et d'obstacles. L'important, c'est de ne pas s'affoler lorsqu'on a fait une erreur, lorsqu'on se heurte à un problème. Quand vous vous trouverez dans une situation délicate, essayez alors de vous dire : "Pas de panique. On va régler ça."
Et nous arrivons ici au cœur de notre propos, pour ce chapitre : de quelle manière pouvez-vous mener votre vie, la diriger intelligemment, tout en faisant face aux difficultés ?

Faisons d'abord une mise au point. Si les problèmes que vous rencontrez vous semblent importants, c'est qu'il s'agit de vrais problèmes. Il est insupportable d'entendre certaines personnes vouloir minimiser nos problèmes : "Bah, ce ne sont pas des problèmes très graves, de petites difficultés tout au plus…"
Ou bien encore : "Des problèmes ? Ne s'agirait-il pas plutôt d'une manière d'attirer l'attention sur vous ?" Mais les pires, ce sont ceux qui affirment : "Vous croyez que vous avez un problème ? Attendez, vous ne savez pas ce que sont les vrais problèmes. Je vais vous dire, moi, ce que c'est qu'un problème…"
Vos problèmes, les miens ne sont pas des inventions. Ils sont là et ils nous gâchent la vie. Cela va de l'acné dont vous n'arrivez pas à vous débarrasser au type qui s'en prend à vous à la sortie du lycée. Certes, tout est relatif, car il y a toujours des gens qui ont des problèmes plus graves que les vôtres. Peut-être connaissez-vous l'histoire de celui qui se lamente parce qu'il n'a pas de chaussures, jusqu'au jour où il rencontre un homme qui n'a plus de pieds ?

Il n'est pas question d'exagérer la gravité de vos problèmes, mais les minimiser ne les fait pas disparaître pour autant. Vous n'avez pas à vous sentir coupable d'être préoccupé(e) par vos problèmes sentimentaux, alors que des millions d'enfants du tiers-monde vivent dans la misère. Si vous vous sentez concerné(e) par leur situation, il vous est toujours possible de faire quelque chose pour les aider, mais vous devez malgré tout faire face à votre situation personnelle.

Trouver le moyen de résoudre ses problèmes

Cette septième loi de la vie s'intitule : "On gère sa vie, on ne la subit pas." Il vous faut devenir un(e) gestionnaire de plus en plus performant(e). Vous allez apprendre, dans les pages qui suivent, comment on parvient à prendre ses problèmes de front, et à les résoudre, au lieu d'en créer de nouveaux parce que l'on réagit mal ou pas du tout.
Vous n'êtes sans doute pas un(e) très bon(ne) gestionnaire, pour le moment. C'est normal, car c'est un savoir-faire qui requiert un apprentissage. On ne naît pas "manager", on le devient. Il est très facile de faire des erreurs et il existe de nombreuses façons de se tromper. Vérifiez parmi les stratégies qui suivent si vous en reconnaissez quelques-unes que vous auriez pu observer dans votre entourage.

• **La stratégie du chien battu**
Les gens de cette catégorie ressemblent à ces chiens qui ont été tellement battus qu'ils s'aplatissent au sol en gémissant à votre approche. Au moindre problème, ils se comportent comme eux, courbant le dos et attendant la suite des événements. Si les choses s'arrangent, tant mieux. Dans le cas contraire, ils acceptent passivement leur rôle de victime. Et dans les pires situations, quand il y a vraiment le feu, ils ne sont même pas capables de crier : "Au feu !"
• **La stratégie de l'autruche**
C'est le refus total de la réalité. Les garçons ou les filles de cette catégorie ne regardent même pas leurs notes. Quand le professeur leur rend leur copie, ils la rangent dans leur sac sans y jeter le moindre coup d'œil, sans s'intéresser à ce qu'ils ont fait.
• **La stratégie des accros de la télé**
Ceux qui appartiennent à ce groupe-là admettent leurs problèmes. Ils veulent bien essayer de faire quelque chose, mais seulement après avoir vu leur émission préférée.
• **La stratégie de la mièvrerie**
Très répandue parmi les filles qui prennent un air innocent et un ton enfantin lorsqu'elles ont un problème : "Oh ! Maman, je suis désolée, je pensais que tu m'avais dit que je pouvais prendre

Abordez les problèmes de front

Peu importent les difficultés que vous avez. Vous arriverez toujours à vous en sortir si vous savez vous y prendre. Les gens qui réussissent ne doivent pas leur succès à une absence de problèmes, mais au fait qu'ils ont su les régler d'une façon ou d'une autre. Au lieu de minimiser ou de nier les difficultés qui se présentent à eux, ils les abordent de front, réfléchissent à un plan pour les surmonter. En d'autres termes, ils gèrent leur vie. Vous aussi, vous devez être votre propre patron, le seul gestionnaire de votre vie. Cela signifie que vous ne pouvez pas vous mettre à la porte si vous ne faites pas du bon travail. Vous ne pouvez que progressez dans votre tâche.

"Les perdants laissent les événements se produire. Les gagnants les provoquent." Anonyme

Le monde dans lequel nous vivons est gouverné par les résultats. Vos activités, votre travail, votre vie dans son ensemble doivent être appréciés selon les mêmes critères.

de l'argent dans ton porte-monnaie sans te le demander !"

• La stratégie de l'éternel enfant

Pour ces personnes, s'il y a un problème, c'est à cause de l'éducation qu'elles ont reçue, de leurs parents qui ont des problèmes ou des frères et sœurs qui traversent une crise grave…

• La stratégie du "Qui ? moi ?"

Il ou elle n'a rien à se reprocher. Ce n'est pas de sa faute. Tout cela est arrivé à cause de la stupidité d'un autre, ou de son agressivité… Ou bien c'est tout simplement de la malchance. Mais ce n'est certainement pas lui ou elle.

Alors, quelle est votre stratégie ? Vous êtes-vous reconnu(e) parmi ces différentes approches ? Ou bien êtes-vous encore plus créatif(ive) ?
Si vous gérez votre vie de cette manière-là, vous risquez d'avoir bien des problèmes. Inutile d'insister sur ce point.
Un entraîneur de foot ne sera pas jugé sur son apparence ou son charme, mais sur les résultats de son équipe.
Que cela vous plaise ou non, il en va de même pour vous.

Agir de façon pertinente

Diriger sa vie est un processus de longue haleine, il ne s'agit pas simplement de "réparer" ponctuellement ce qui ne va pas. La loi n° 7 est explicite : "On gère sa vie, on ne la subit pas." Vous devez donc travailler sans cesse à l'améliorer et chercher à résoudre les problèmes et les difficultés que vous rencontrerez inévitablement.

Même lorsque votre vie vous semble aussi satisfaisante que possible, vous devez veiller à ne pas dévier de la ligne de conduite que vous vous êtes fixée. Peut-être avez-vous l'impression d'être en tête du peloton en ce moment, mais si vous arrêtez de pédaler, vous vous retrouverez bien vite à la traîne. Parce que nous avons tous tendance à nous reposer sur nos lauriers.

Gérer sa vie est un processus qui ne doit jamais se relâcher. Avec ce livre, vous avez déjà parcouru un bon bout de chemin. Il ne faut surtout pas vous arrêter en route.

Les grands champions, par exemple, sont des gens qui n'arrêtent jamais de vouloir se perfectionner. Il y a quelques années, j'ai eu l'occasion de le vérifier auprès d'un sportif de haut niveau, l'un des meilleurs dans sa discipline. Il semblait avoir atteint le sommet de son art, mais, malgré cela, il ne cessait de travailler sa technique, de vouloir continuer à progresser. Il avait apparemment compris que gérer sa vie était une tâche régulière, et qu'il ne fallait surtout jamais s'arrêter. Je l'ai vu dans des compétitions internationales où il dominait largement tous ses adversaires. La compétition terminée, d'autres que lui auraient repris leur voiture pour aller boire un verre, se détendre. Mais lui, non. Il continuait à s'entraîner cherchant à améliorer ce qui lui semblait encore perfectible.

Cette personne était Tiger Wood, un grand champion de golf. Il avait gagné le trophée, mais cela ne l'empêchait pas de travailler encore sur le green, pendant de longues heures, lorsque tout le monde était parti. Tiger Wood était incontestablement le meilleur golfeur du monde. Pourquoi ? Parce qu'il n'abandonnait jamais le programme qu'il s'était fixé. Il n'était pas né golfeur. Personne ne naît champion dans aucun domaine. Mais il s'était fixé un programme rigoureux qui devait lui permettre de devenir le premier joueur du monde.

On entend toujours dire qu'il "faut de la volonté" pour réussir. Si vous voulez perdre du poids, il faut de la volonté et suivre un régime. C'est la même chose si vous devez passer un concours important. Il faut de la volonté pour réussir… Mais la volonté est fluctuante, elle ne suffit pas. Vous pouvez vous sentir plein(e) d'énergie pendant quelques jours, mais une fois passé le premier enthousiasme, vous voilà vite revenu(e) à votre point de départ. Vous avez besoin d'un programme qui fera partie intégrante de

Bon(ne) ou mauvais(e) gestionnaire ?

Voici quelques questions clés à vous poser pour savoir si vous savez gérer votre vie :

1. Votre instinct gestionnaire prend-il des décisions réfléchies ?
2. Vous laisse-t-il montrer aux autres ce que vous faites de mieux ?
3. Sait-il vous conduire au bon endroit, au bon moment, ou est-ce le contraire ?
4. Prend-il suffisamment soin de votre santé, de votre équilibre psychologique, affectif et spirituel ?
5. Choisit-il des relations intéressantes pour vous ?
6. Vous pousse-t-il à sortir de votre cocon et à affronter la réalité ?
7. Vous laisse-t-il suffisamment de temps pour vous reposer ?
8. Vous permet-il d'avoir un(e) petit(e) ami(e) et de rencontrer de nouveaux amis ?
9. Vous autorise-t-il des moments de plaisir et de détente ?
10. Sait-il organiser votre vie afin que vous vous sentiez bien, que vous sachiez qui vous êtes et où vous allez ?

L'important, c'est la permanence dans l'action. Sans elle, on ne construit rien de durable, rien de solide.

Prenez des décisions

Voici quelques exemples de décisions que mes amis ou moi avons prises et qui peuvent vous aider à démarrer.

- Je ne prendrai jamais le volant après avoir bu de l'alcool.
- Je ne profiterai jamais de la faiblesse ou de la misère de gens qui sont moins chanceux que moi. Et je ne moquerai pas d'eux.
- Je ne volerai pas.
- Je ne mettrai pas sur le dos des autres mes problèmes et mes défauts.
- Je traiterai les gens, quels qu'ils soient, avec respect et dignité.
- La passion sera au cœur de ma vie.
- Je veux aller loin, physiquement et mentalement.

votre vie et qui demeurera, quelle que soit votre humeur, votre forme ou votre volonté.
Cela implique un engagement important : il vous faudra revoir vos habitudes, vos horaires, vos relations, vos engagements antérieurs, vous fixer des objectifs nouveaux. Si vous voulez vraiment autre chose, il vous faut changer de programme. Le but est d'arriver, quoi qu'il vous en coûte, à organiser votre vie pour vous permettre d'atteindre ces objectifs.

La volonté agit sur le court terme. Grâce à elle, vous pouvez peut-être perdre du poids en deux semaines pour telle ou telle occasion, mais cela ne sera pas suffisant pour vous empêcher de le reprendre aussi vite. Vous pouvez être terriblement excité(e) par une activité nouvelle dans laquelle vous vous lancez avec ardeur. Mais il arrive un jour où votre belle énergie se tarit.
Ne vous fiez pas trop à ces brefs états d'euphorie, d'allégresse qui finissent par disparaître.

Votre vie doit être sous-tendue par un projet

Afin de réussir durablement, il vous faut un projet bien défini. Ce projet doit être prioritaire dans tous les domaines de votre existence. Cela veut dire que vous allez devoir concentrer toute votre énergie, tout votre temps, sur un plan mûrement réfléchi. Si vous êtes un peu comme moi, il y a sans doute beaucoup de choses que vous avez envie de faire. Vous avez peut-être différents projets, d'ordre scolaire, familial, sentimental…
Mais souvenez-vous de la loi de la vie n° 5 : "La vie récompense l'action." Vos projets n'aboutiront que si vous vous y employez et si vous persévérez.
Par exemple, vous pouvez avoir décidé d'obtenir de meilleures notes en classe. C'est du moins ce que vous vous répétez tous les jours. Si, au contraire, vous vous disiez que vous allez faire vos devoirs avant de téléphoner à vos amis, vous seriez étonné(e) de la rapidité avec laquelle vous progressez. C'est à vous de poser ainsi les bornes qui doivent jalonner votre vie quotidienne.

Ne pensez pas pour autant que vous faites preuve d'égoïsme en vous préoccupant de vous-même.
Ce n'est pas parce que vous êtes exigeant(e) que vous êtes égoïste. Vous ne pouvez pas donner ce que vous n'avez pas. En prenant soin de vous, en vous concentrant sur ce qui vous aidera à vous épanouir, vous pourrez donner beaucoup plus aux autres. Vos rapports avec votre entourage n'en seront que meilleurs. Si vous gérez mieux votre vie, celui-ci en bénéficiera.

Quelles sont vos grandes priorités ?

La stratégie que vous allez mettre en place pour diriger votre vie commence par un éclaircissement préalable : il s'agit de savoir qui vous êtes et ce qui est important pour vous.

On entend toujours parler de valeurs et de croyances, et ce genre de discours est, en général, des plus ennuyeux.

Toutefois, on ne peut nier le fait que vous comme moi avons également nos propres valeurs et convictions, même si nous n'y pensons guère et en parlons encore moins. Nous avons nos opinions à propos de ce que nous pouvons faire ou ne pas faire, des critères sur lesquels nous nous fondons.

Cela signifie que, en fait, nous avons déjà fait un certain nombre de choix dans notre vie, pris un certain nombre de décisions. Ces décisions sont différentes de celles que nous pouvons prendre quotidiennement. Les engagements d'un jour viennent de la tête, les engagements plus profonds, qui sont ceux d'une vie entière, proviennent du cœur. Nous nous servons de notre tête pour décider ce que nous allons manger ce soir, pour choisir le film que nous souhaitons voir, etc. Mais c'est le cœur qui parle lorsque nous prenons une décision qui nous engage profondément en tant que personne.

Vous avez sans doute pris plus d'une fois ce genre de décisions : par exemple, si vous avez décidé de ne pas être cruel(le) envers les animaux ou de ne pas voler d'argent à vos amis. Ces valeurs-là sont en vous et vous définissent. Pour devenir un(e) gestionnaire efficace de votre vie, vous allez devoir prendre un certain nombre de décisions de ce type.

Quelles sont les décisions que vous pouvez choisir – ou que vous devez choisir – et qui vont vous permettre d'accéder à une vie meilleure ? Ce sont des décisions qui ne sont pas toujours faciles à prendre, et qui vont vous demander un effort sur vous-même, vous le devinez certainement. Ces nouvelles décisions sont importantes car elles vont constituer le socle sur lequel s'appuiera votre vie et s'ancreront vos stratégies pour l'avenir.

Faites de vos rêves une réalité

Voici un dernier point pour vous aider à gérer votre vie au mieux, plutôt que de vous réveiller chaque matin sans projet précis. Si vous désirez avoir autre chose dans la vie, il vous faut agir autrement. Et cette action doit être menée de manière stratégique, intelligente.

Nous rêvons tous d'une existence idéale, d'événements merveilleux qui viendraient bouleverser notre vie. Une sorte de cinéma intérieur avec un écran sur lequel nous projetons des images qui nous font rêver. C'est un état très agréable, mais virtuel. Comment rendre son rêve réel ?

Petit exercice

Notez ci-dessous 5 engagements que vous avez pris et dont vous savez qu'ils sont fondamentaux pour vous :

1.
2.
3.
4.
5.

Maintenant, notez 5 décisions que vous souhaiteriez prendre dans votre vie. Notez bien que ce sont là des engagements importants, qui ne doivent pas être pris à la légère.

1.
2.
3.
4.
5.

C'est justement cela, être le maître de son destin : refuser ce dont vous ne voulez pas et, à l'inverse, rechercher ce qui vous semble fondamental.

"Le dictionnaire est le seul endroit où le succès passe avant le travail." Anonyme

Pourquoi ne pas transformer vos rêves en but à atteindre ?
La seule différence qui existe entre le rêve et le réel, c'est ce côté flou et vague du rêve, alors que la réalité se révèle bien précise, bien claire.

Voici sept manières de transformer vos rêves en réalité :

• **Transcrivez votre rêve en événement précis** représentant ce que vous souhaitez.
Il ne suffit pas de vouloir être un(e) excellent(e) élève, il s'agit de définir ce que représente un(e) "excellent(e) élève". Qu'est-ce qui le (la) caractérise par rapport aux autres ?

• **Votre rêve doit pouvoir avoir des repères mesurables.**
Par exemple, si vous rêvez d'un corps parfait, comment cela se traduit-il ? Combien de kilos voulez-vous perdre ? Quelle taille voulez-vous atteindre ? Donnez des précisions qui peuvent être quantifiées, mesurées.

• **Il faut que vous vous établissiez un calendrier.**
Il ne suffit pas de se dire que l'on agira "un de ces jours...", car "un de ces jours" ne fait pas partie des sept jours de la semaine. En vous fixant une date, il vous sera plus facile de vous y tenir et de parvenir au but.

• **Le but que vous vous fixez doit être réaliste.**
Il y a en effet des rêves impossibles, irréalisables. Si, par exemple, vous rêvez d'être plus grand(e) pour pouvoir jouer au basket, vous ne parviendrez jamais à exaucer votre rêve. En revanche, vous pouvez travailler votre forme physique, votre musculature, de manière à pouvoir sauter aussi haut que les "grands".
Il existe des champions de basket qui ne sont pas des géants, mais leurs jambes valent celles des plus grands !

• **Il faut que vous élaboriez un programme**, une stratégie qui vous permette d'atteindre votre but.
Si vous n'avez pas de plan pour vous amener de là où vous êtes à l'endroit où vous voulez aller, vous n'irez pas bien loin. Songez à la manière dont on se déplace quand on marche sans but précis, et à celle qui est la nôtre quand on a un rendez-vous important. Si vous avez un vrai programme, vous avancerez d'un pas décidé.

• **Pour atteindre votre but, définissez un certain nombre d'étapes.**
Il ne s'agit pas de faire des bonds de géant, car il est impossible d'avancer régulièrement à ce rythme-là. Il faut que vos étapes soient régulières. Il faut avancer pas à pas. C'est la seule manière d'aller loin.

• **Il faut que vous teniez une comptabilité de votre évolution, de votre avancée.**
Essayez de trouver le moyen de tenir cette comptabilité, de manière à contrôler votre progression. Par exemple, vous pouvez

7 manières de passer du rêve à la réalité

1. Définir précisément son rêve.
2. Donner des repères mesurables à ce que l'on veut.
3. Établir un calendrier
4. Être réaliste dans ses objectifs.
5. Élaborer un programme de réussite.
6. Définir des étapes pour atteindre son but.
7. Évaluer régulièrement sa progression vers la réalisation de son rêve.

noter les étapes franchies, ou demander à un(e) ami(e) de vérifier votre progression, tous les jours ou une fois par semaine.

Ces sept différents points doivent vous permettre d'atteindre votre but. À partir du moment où vous vous êtes défini un but et les moyens d'y parvenir, vous ne pouvez pas échouer. Les choses commenceront à changer dès que votre décision sera prise. Mais il faut que vous sachiez que l'on n'obtient pas d'un seul coup ce dont on rêve. Il y a un parcours à réaliser, des étapes à franchir, pas à pas. Et les petits pas accomplissent de grandes distances.

Votre plan de bataille personnel

Quel est votre principal objectif dans la vie ? Quel est l'aspect de votre vie que vous souhaitez le plus changer ? Ce qui importe avant tout, pour vous, c'est de ne pas tomber dans une routine confortable, sans risque, sans ambition, sans avenir vraiment bien dessiné. N'hésitez pas à vous donner des buts élevés. Vous pouvez viser haut, du moment que vous êtes réaliste.
Établir une stratégie de vie constitue un grand pas qui va vous engager pour longtemps ; c'est pourquoi vous devez y réfléchir soigneusement. Vous seul(e) pouvez connaître vos ambitions et vos buts, mais sachez que ceux-ci ne pourront être atteints que grâce à un véritable plan de bataille adapté à vos objectifs.

Voici quelques exemples qui vous éclaireront peut-être :

• **Si vous souhaitez rencontrer un garçon ou une fille qui deviendra votre petit(e) ami(e)**, donnez-vous les moyens d'y parvenir. À quel endroit avez-vous le plus de chances de rencontrer cette personne ? Est-ce que c'est dans des soirées, dans des clubs de sport, à la bibliothèque, à la piscine… ?
D'abord, montrez que vous êtes là, et faites preuve de disponibilité. Alors, vous pouvez tout espérer !…

• **Si vous souhaitez obtenir de meilleures notes en classe,** organisez votre emploi du temps de façon à avoir une heure de plus pour travailler, tous les jours.
Si vous vous y tenez, en dépit de toutes les sollicitations extérieures, vous obtiendrez obligatoirement des résultats.

• **Si vous cherchez à affermir votre personnalité**, essayez de trouver les moyens par lesquels vous allez pouvoir combler vos manques. Ainsi, si vous avez l'impression que personne ne vous remarque, que vous avez une personnalité trop effacée, prenez quelques mesures pour que l'on prenne conscience que vous existez. Par exemple, en classe, sous un prétexte quelconque, essayez de traverser la salle, forcez-vous à accrocher le regard de vos camarades, et parlez à au moins trois d'entre eux, histoire de dérouiller un peu votre machine relationnelle. Ou encore, si

À partir du moment où vous vous êtes défini un but et les moyens d'y parvenir, vous ne pouvez pas échouer. Les choses commenceront à changer dès que votre décision sera prise. Mais il faut que vous sachiez que l'on n'obtient pas d'un seul coup ce dont on rêve. Il y a un parcours à réaliser, des étapes à franchir, pas à pas. Et les petits pas accomplissent de grandes distances.

Un philosophe, Samuel Johnson, a écrit fort justement : "Les grandes choses se réalisent non pas par la force, mais grâce à la persévérance." N'attendez pas des jours meilleurs pour mettre à exécution les changements que vous souhaitez. C'est aujourd'hui même qu'il vous faut commencer. Vous verrez : plus les choses changeront, plus il vous sera facile de persévérer !

vous avez tendance à vous moquer des autres, faites un effort pour parler gentiment à trois personnes différentes par jour.

- **Si vous cherchez à vous débarrasser d'habitudes nocives telles que fumer, boire, etc.**, essayez de trouver une stratégie pour marquer un point d'arrêt. Il ne suffit pas de se dire que l'on va s'arrêter de boire ou de fumer. La pression du groupe est forte et il est aisé d'oublier ses bonnes résolutions lorsque l'on se retrouve dans une fête où l'alcool coule à flots. Essayez de ne pas vous trouver dans le genre de situation où il vous sera difficile de résister à la tentation. Trouvez-vous d'autres soirées, allez au cinéma ou faites tout autre chose.

Bientôt la dernière ligne droite !

Savoir gérer votre vie ne signifie pas pour autant que vous allez changer du jour au lendemain. Les vrais changements se font lentement et exigent de la constance et de la détermination. C'est en vous fixant des buts différents et modestes que vous allez pouvoir transformer l'ensemble de votre vie. Tout en tendant vers un but, et tandis que nous nous en rapprochons, nous découvrons sans cesse de nouveaux buts à atteindre. Tous les matins, en nous réveillant, nous savourons la distance parcourue, le travail accompli, et nous avons envie d'aller encore plus loin. Une confiance nouvelle nous envahit, tout comme le sentiment d'avoir accompli ce que nous ne pensions pas pouvoir faire. Cette manière de progresser nous rend plus forts et plus heureux.

J'espère que les objectifs que vous vous êtes choisis sont importants. Efforcez-vous d'établir un programme réfléchi plutôt que de vous appuyer sur votre propre volonté, essayez d'étudier calmement les obstacles qui se dressent sur votre route plutôt que de maugréer contre eux. Il n'est jamais facile de prendre en main une vie qui va cahin-caha. Il faut être courageux et déterminé. Mais dès que l'on a commencé à aller de l'avant, on sent tout de suite qu'on est sur la bonne voie.

En résumé

- Nous rencontrerons des problèmes jusqu'à la fin de notre vie. Mais il n'en est pas un qui ne puisse être surmonté.
- Vous êtes le (la) gestionnaire de votre vie. Être un(e) bon(ne) gestionnaire nécessite un apprentissage.
- Oubliez les envies et les décisions d'un jour. Fixez-vous un programme à long terme.
- La gestion de votre vie doit passer par des engagements prioritaires, stricts et bien définis.
- Si vous savez élaborer votre plan de bataille personnel, vous irez droit à la réussite.

Loi n°8 :

"Nous apprenons aux autres la manière de nous traiter."

Nous apprenons aux autres la manière de nous traiter

"Si vous voulez faire la souris, prenez garde au chat !"
A. B. Cheales

CETTE LOI VA VOUS AIDER À PRENDRE LE CONTRÔLE, ET À FAIRE EN SORTE DE CESSER DE VOUS PLAINDRE DE VOS RELATIONS. RENÉGOCIEZ VOS RELATIONS AVEC LES AUTRES AFIN D'OBTENIR CE QUE VOUS VOULEZ.

Pourquoi avez-vous intérêt à suivre cette loi de la vie ?

Voici une petite histoire.
Marie marcha dans le couloir sur la pointe des pieds. La télévision de la chambre de ses parents était éteinte, et elle entendait même les ronflements de son père. Elle se glissa sans un bruit hors de la maison, ouvrit la porte du garage et desserra le frein à main de la voiture. Comme le terrain était plat, elle n'eut pas de mal à pousser la voiture à une vingtaine de mètres de là, de manière à ce que son père n'entende pas le bruit du moteur. Elle tourna la clé de contact. Vive la liberté ! Il était minuit passé. Elle s'installa confortablement au volant et se dirigea vers la maison de sa copine Ariane.
Marie n'avait que dix-sept ans, mais elle avait déjà conduit, accompagnée par son père, et dès ses dix-huit ans, elle obtiendrait son permis de conduire et, avec un peu de chance, une voiture d'occasion, celles-ci étant souvent bon marché.
Marie connaissait bien les alentours pour avoir souvent rendu visite à son amie, toujours après minuit, et à l'insu de ses parents. Un jour, son père lui avait demandé si elle avait déjà "emprunté" la voiture familiale. Elle s'était récriée avec véhémence, affirmant qu'elle ne ferait jamais une chose pareille sans demander la permission.
Lorsqu'elle arriva devant la maison d'Ariane, toutes les lumières étaient éteintes. Elle frappa doucement au carreau de la chambre de son amie. Pas de réponse. Ariane était sans doute sortie avec des amis. "Eh bien, il ne me reste plus qu'à faire demi-tour, soupira Marie. Je rentre à la maison."
Elle fut vite de retour et coupa le moteur avant de venir se garer silencieusement. Dans l'ombre, elle aperçut une silhouette. C'était son père. Celui-ci tendit simplement la main pour récupérer les clés de la voiture. "Je suis fichue !" se dit-elle catastrophée. Elle rendit les clés à son père qui se contenta de lui dire d'aller dans sa chambre.

Donnant-donnant

Si vous réagissez à l'égard de quelqu'un de la manière dont cette personne souhaite vous voir réagir, cette forme de donnant-donnant n'a pas de raison de cesser. Mais si, au contraire, vous réagissez d'une tout autre façon, qui va déplaire à l'autre, alors il y a de fortes chances pour que le comportement de cette personne change à votre égard. Cette loi vaut en tous lieux et en tous temps, et avec n'importe qui.

Pendant trois jours, son père ne lui fit aucune remarque. Puis, à la veille de ses dix-huit ans, il lui proposa de venir avec lui faire un tour en voiture. Il roula directement jusqu'au concessionnaire Ford. Un magnifique coupé sport les attendait. Marie n'en croyait pas ses yeux. Elle s'installa au volant, son père à côté d'elle. Cette voiture était une merveille. Tandis qu'elle roulait dans les environs, grisée, aux anges, devinant bien que cette superbe voiture était son cadeau d'anniversaire, son père demeurait silencieux. Ils revinrent au garage Ford et Marie sortit de voiture, extasiée. Le concessionnaire tendit alors un chèque à son père.

– Que se passe-t-il ? s'exclama Marie en pleine confusion.

– Je récupère le chèque de caution pour cette voiture qui aurait du être ton cadeau d'anniversaire, expliqua son père.

Pendant des semaines, Marie, qui ne parvenait pas à digérer la leçon, ressassa sa colère et sa frustration auprès de ses amis. Son père l'avait ridiculisée en public ; il lui avait joué un sale tour en préparant soigneusement une mise en scène cruelle… Elle était convaincue que ses parents s'étaient montrés vraiment mesquins envers elle.

Elle n'avait rien compris.

Sachez renégocier vos relations avec les autres

Comme vous le savez déjà après avoir lu les chapitres précédents, les gens vous jugent selon la manière dont vous vous présentez. Selon votre attitude, ils vont évaluer ce que vous pouvez leur apporter, et ce qu'ils peuvent vous offrir de leur côté. Ils vont décider ce qu'ils peuvent accepter de vous, et estimer ce que vous êtes prêt(e) à accepter d'eux.

En d'autres termes, ils vont décider – et, en quelque sorte dessiner – la relation qui existera entre eux et vous. Avant cela, ils vous testeront pour étudier votre comportement. En fonction de vos réactions, ils adapteront leur comportement à votre égard.

Vous êtes responsable de la façon dont on vous traite, de l'acceptation, de la méfiance ou du refus des gens. La balle est dans votre camp.

Cette loi vaut également pour les ennemis que vous pouvez avoir, en classe ou ailleurs, surtout si vous et eux vous trouvez sur le même échelon social. Si, par exemple, un garçon ou une fille de votre entourage se plaît à vous critiquer, vous "cherche" sans cesse, c'est que, d'une certaine manière, vous l'encouragez secrètement. Autrement, les attaques auraient pris fin depuis longtemps. Si un garçon ou une fille vous met continuellement des bâtons dans les roues, c'est que vous l'encouragez, sans le vouloir naturellement. Autrement, ce comportement agressif aurait déjà cessé.

"Si vous décidez de ne garder que la meilleure part des choses, vous l'obtiendrez. Commencez à vivre de la manière dont vous le souhaitez." Anonyme

Vous et vos parents

- Avez-vous l'impression qu'ils n'écoutent pas ce que vous leur dites ?
- N'avez-vous pas envie, de temps à autre, de leur rappeler que vous n'avez plus 3 ans, et qu'il serait temps pour eux de vous traiter comme un garçon ou une fille de votre âge ?
- Vous font-ils souvent des sermons commençant par : "Tu aurais dû..."
- Se plaisent-ils à vous parler sans cesse de l'époque où ils étaient adolescents ?
- Leur arrive-t-il de détourner le problème que vous leur exposez en le noyant dans leurs propres problèmes ?
- N'avez-vous pas l'impression parfois qu'ils vous prennent pour un(e) débile mental(e) ?
- Passent-ils leur temps à vous inonder de conseils à tout propos, et notamment en ce qui concerne votre vie sentimentale ?

Ce qui se passe, dans la réalité, c'est que, par vos paroles ou par vos actes, vous avez signifié à telle ou telle personne que vous acceptiez son attitude envers vous. Dans ce cas, vous ne pouvez vous en prendre qu'à vous-même, puisque c'est vous qui êtes à l'origine de cet état de fait !
Oui, c'est bien nous qui déterminons le comportement des autres à notre égard. Et cela vaut principalement dans les relations avec les parents. Nous venons de lire l'histoire de Marie, elle illustre bien l'articulation enfants-parents. Ce sont d'abord nos parents qui fixent des limites à notre vie d'adolescent(s). Mais nous avons cependant notre rôle à jouer dans l'établissement de ces limites ; nous pouvons, si nous sommes assez habiles, faire reculer ces limites au sein desquelles nous évoluons, en leur apprenant la manière de nous traiter.

Alerte rouge !

Stop ! Arrêtons-nous une seconde. Je dois absolument vous mettre en garde : il existe une grande exception à cette loi. Ainsi, cette dixième loi perd toute validité si vous êtes en contact avec des malades mentaux qui auraient besoin d'une bonne thérapie, ou pire.
Vous devez impérativement – et j'insiste sur ce point – être traité(e) avec respect et dignité. Que quelqu'un soit impoli ou manque d'égard envers vous, c'est une chose. Qu'il abuse de vous physiquement, intellectuellement ou psychologiquement en est une autre ! Il est évident que ce n'est pas vous qui l'avez poussé à cela.
Si jamais vous êtes victime d'attouchements sexuels, si vous subissez un viol ou si vos parents vous négligent, ce n'est en aucun cas votre faute ! Je le répète, ce n'est pas votre faute ! Vous n'êtes pas responsable de ce qui vous arrive, vous n'avez jamais voulu que les choses prennent cette tournure, et vous avez sûrement besoin d'aide pour changer la situation et sortir de ce mauvais pas.

Si vous avez vécu ou que vous vivez une de ces terribles expériences, n'essayez pas de régler le problème seul(e) en mettant un coup de poing dans la tête du coupable ; demandez de l'aide. Les professeurs, les conseillers d'éducation ou d'autres adultes en qui vous pouvez avoir confiance vous aideront.
Vous vous êtes peut-être trouvé(e) dans une situation pénible et avez été en danger, mais certaines personnes sont disposées à vous écouter et interviendront seulement quand vous vous sentirez prêt(e) et suffisamment confiant(e) pour agir. Quoi qu'il en soit, vous devez faire quelque chose pour sortir de ce terrible silence et briser votre solitude.
Faites-le pour vous. Vous y êtes presque !

Voici quelques numéros qui pourront vous être utiles, en dehors de celui de la police (Tél. : 17) :
– Allô enfance maltraitée, Tél. : 119 ou 0 800 05 41 41
– Jeunes violence écoute, Tél. : 0 800 20 22 23
– Viol femmes information, Tél. : 0 800 05 95 95

Apprendre à changer de registre

Quand je dis que c'est vous qui déterminez la manière dont vos parents vous traitent, cela signifie que, par vos réactions, vous leur indiquez l'attitude qu'ils doivent avoir. La technique est la même que lorsque l'on veut dresser un chien et lui apprendre à s'arrêter, s'asseoir, se coucher… Réfléchissez bien à ce phénomène. Chaque fois qu'il y a interaction entre vos parents et vous, vous réagissez d'une manière particulière. Et votre façon de réagir va induire pour la suite la répétition ou non du comportement de vos parents.

Prenons un exemple concret. Supposez que vous alliez trouver votre mère, parce que vous avez un problème. Elle est devant la télévision et entend à peine ce que vous lui dites. Vous vous en allez en haussant les épaules. Que s'est-il passé ?
Vous avez encouragé indirectement votre mère à réagir de la même façon la prochaine fois, car vous avez, en quelque sorte, annulé votre demande en n'insistant pas. En quelque sorte, vous lui avez signifié que, si elle vous ignore, vous ne l'importunerez pas avec vos problèmes.
Autre exemple : vos parents vous disent quelque chose que vous n'avez pas envie d'entendre ; vous vous mettez en colère et, furieux(euse), vous foncez vous réfugier dans votre chambre, en claquant violemment la porte. Sans le vouloir, vous avez renforcé la perception qu'ont de vous vos parents : un(e) enfant immature à qui l'on ne peut pas parler. Vous venez donc une nouvelle fois d'induire leur comportement futur.
De même, vous ne les amènerez pas à vous considérer comme un(e) adulte responsable si vous ne vous adressez à eux que pour leur parler ou leur demander quelque chose d'absurde qui ne leur laisse pas d'autre choix que de vous sanctionner ou de vous répondre de façon négative. Ainsi, si vous venez les trouver en leur demandant : "Est-ce que je peux avoir un peu d'argent pour aller acheter du whisky ?", vous renforcez leur certitude que vous n'êtes pas une personne responsable.
Vous pouvez aussi influencer la façon dont on vous traite par ce que vous ne dites pas, en vous murant dans le silence.
Par exemple, imaginez que vous êtes sorti(e) avec des amis et que vous rentrez chez vous, contraint(e) et forcé(e), une minute avant l'heure du couvre-feu parental. Vous faites un bref détour par le réfrigérateur et vous montez directement dans votre

Comment réagissez-vous ?

Si quelques-unes des situations évoquées avec les parents vous sont familières, comment réagissez-vous ?
- Vous vous sentez totalement incompris(e).
- Vous vous sentez dévalorisé(e) et humilié(e).
- Vous en avez tellement assez de vous entendre répéter ce que vous devez faire que vous avez envie de hurler.
- Vous avez l'impression que vous allez devenir fou (folle).
- Vous éprouvez de la colère et de la frustration.
- Vous avez l'impression de subir encore plus de contrôles que dans un aéroport international.
- Vous vous sentez blessé(e).

Vous êtes en général frustré(e) et convaincu(e) que vos parents sont des tyrans, que vous ne pouvez rien changer au fait qu'ils vous considèrent comme un(e) enfant et non comme un(e) jeune adulte. Or, que faites-vous pour arriver à modifier leur manière de vous traiter ? Vous êtes responsable de la façon dont ils vous traitent. C'est donc à vous de leur apprendre à vous considérer différemment.

Modifiez votre comportement pour améliorer vos relations

1. Prenez l'initiative de parler avec vos parents, d'avoir de véritables conversations.
2. N'oubliez jamais que ce sont vos parents, et qu'ils feront parfois preuve d'autorité.
3. Ne grimpez pas aux rideaux à la moindre occasion. Restez calme.
4. Si vous vous intéressez à ce que font vos parents, ils s'intéresseront à ce que vous faites.
5. Soyez réaliste à propos des réactions de vos parents.
6. Au lieu d'exiger la liberté que vous n'avez pas, essayez plutôt de la mériter.
7. Donnez à vos parents des preuves qu'ils peuvent vous faire confiance.
8. Ne rejetez pas les conseils de vos parents. Ils ne sont pas forcément absurdes.
9. Efforcez-vous d'être facile à vivre.
10. Ne parlez pas à vos parents uniquement lorsqu'il y a un problème. Parce que, si vous ne parlez avec eux que de problèmes, cela constitue un vrai problème.

chambre pour téléphoner. Votre père vient vous y retrouver et s'ensuit une conversation de ce genre :
Votre père : "Tu as vu l'heure qu'il est ?
– Je suis rentré(e) à l'heure, non ? Qu'est-ce que tu veux ?
– D'où viens-tu ? Qu'est-ce que tu as fait ?
– Rien.
– Où es-tu allé(e) ?
– Nulle part.
– Avec qui étais-tu ?
– Avec personne…
– Tu t'es bien amusé(e) ?
– Oui, jusqu'au moment où j'ai dû partir avant tout le monde. Excuse-moi, mais il faut que je téléphone à un(e) ami(e).
– Tu vas passer la nuit au téléphone ?
– Probablement, oui. Pourquoi ?
– Pour rien. Bonne nuit."

Cette scène vous rappelle quelque chose ? Sachez que vous êtes responsable de l'attitude de vos parents. Dans ce cas précis, vous leur avez appris à s'inquiéter de ce que vous pouvez faire lorsque vous sortez : vous avez certainement quelque chose à cacher puisque vous refusez de leur raconter quoi que ce soit.
Ne croyez-vous pas qu'il est temps que vos parents cessent de vous traiter comme un(e) irresponsable ? Vous devez les amener à vous considérer enfin comme quelqu'un de raisonnable, à qui on peut faire confiance. Mais n'oubliez pas une chose : vos parents ne sont pas vos camarades de classe, et vous n'aurez jamais avec eux le rapport que vous avez avec vos copains. Vos relations peuvent cependant s'améliorer et vous pouvez arriver à avoir avec eux des échanges d'adultes. Vos propos seront pris en considération et vous ne vous retrouverez plus uniquement confronté(e) à des problèmes de discipline.
Pour cela, il va falloir que vous travailliez un peu en amont.

Est-ce bien vous ?

Ne vous étonnez pas si vos parents se révèlent quelque peu hésitants ou réticents au début. Vous les avez habitués à un autre comportement de votre part et les habitudes se perdent difficilement. Mais cela peut changer. Il suffit de le vouloir.
Après des mois ou des années, vos parents s'attendent à certaines réactions de votre part, tout comme vous d'ailleurs. Le problème se trouve d'un côté comme de l'autre.
Il faut savoir avant toute chose que l'on a souvent tendance à voir ce que l'on s'attend à trouver. Si vous vous attendez à ce que vos parents soient critiques ou négatifs à votre égard, vous avez toutes les chances de les percevoir ainsi, même si cette vision des choses ne correspond pas tout à fait à la réalité.
Il y a aussi autre chose : nous avons tendance à nous comporter selon ce que l'on attend de nous. En d'autres termes, si vos parents vous considèrent comme quelqu'un de peu raisonnable, n'ayant aucun respect pour les autres, vous aurez tendance à agir ainsi. Vous devez être conscient(e) que vous pouvez, par votre comportement, empêcher vos relations avec vos parents de se détériorer et établir des rapports conformes à votre attente.

Être digne de confiance

Quand j'étais au lycée, certains de mes camarades ne comprenaient pas comment j'arrivais à avoir une plus grande liberté et aussi beaucoup moins d'ennuis qu'eux. Comment arrivais-je alors à être aussi libre ? C'est simple : je faisais en sorte de ne pas décevoir mes parents. Chaque fois que je disais quelque chose, que je promettais quelque chose, je tenais parole. En quelque sorte, j'avais "éduqué" mes parents. Je leur avais appris à me traiter comme je méritais d'être traité, à me considérer comme je méritais de l'être. Mille fois j'avais entendu mon père dire que les résultats tangibles, les faits constituaient les seuls critères de jugement. C'est la raison pour laquelle je donnais à voir à mes parents des faits concrets qui témoignaient de ma maturité, de mon comportement responsable. Bref, j'étais prévisible. Quand je disais que j'allais à tel endroit, je n'allais pas ailleurs. Quand je disais que j'allais rentrer à telle heure, je ne rentrais pas plus tard. Voilà pourquoi mes parents me donnaient plus de liberté qu'aux autres : ils me faisaient confiance et savaient que je n'allais pas dépasser les limites qu'ils avaient fixées.
Les gens vous accordent ou non leur confiance en fonction de ce que vous avez fait ou non.
Qu'en est-il pour vous ? Avez-vous convaincu vos parents que vous êtes une personne responsable, prévisible, compétente ? Ou, au contraire, que vous êtes quelqu'un d'irresponsable qui doit donc être tenu en laisse ?
Essayez de voir ce que vous avez fait pour améliorer vos

Gagnez votre liberté

Chaque fois que mes parents décidaient de m'accorder de nouvelles libertés, c'était toujours parce que je ne les avais pas déçus. C'est comme une rivière que l'on traverse en sautant sur des grosses pierres pour ne pas se mouiller. À chaque nouveau bond, j'étais un peu plus loin, et j'avais fait la preuve que je restais en équilibre. Alors, on me permettait de continuer. Petit à petit, j'ai obtenu la liberté que je souhaitais.

Vous n'avez peut-être pas tous les pouvoirs en main, mais vous avez la possibilité d'amener vos parents à agir davantage selon vos désirs. Il vous faut pour cela changer quelques-unes de vos façons d'agir ou de réagir.

Remettez-vous en question

Si vos parents ne vous traitent pas comme vous le souhaitez, si vous avez l'impression qu'ils ne vous écoutent pas et pensent que vous êtes totalement immature, ne serait-ce pas parce que :

• vous agissez en égoïste et ne les écoutez pas vous non plus ?

• vous posez des questions absurdes qui ont le don de déclencher des réactions de refus ? Des questions du genre : "Est-ce que je peux me faire tatouer ? Est-ce que je peux fumer ? Est-ce que je peux acheter du haschisch ? Est-ce que je peux arrêter le lycée ?" (Franchement, que peuvent-ils bien vous répondre ?)

• vous vous mettez immédiatement en colère si vos parents ne vous accordent pas ce que vous voulez et vous les considérez comme des ennemis ?

• vous voudriez que vos parents vous respectent, mais vous ne faites rien pour cela ?

relations et gardez-vous de vous enfermer dans un rôle de victime.

Parmi mes copains de lycée, l'un d'eux est l'exemple type de celui qui fait tout pour avoir le moins de liberté possible. Un exemple à ne pas suivre. Un jour, son père lui offrit un scooter. Mon copain, tout content, se sentit des ailes. La liberté était à lui ! Le vendredi après-midi, après les cours, il partit avec son engin, persuadé qu'il n'avait de compte à rendre à personne. Il rentra tranquillement chez lui le lendemain, pour changer de vêtements. Quelle ne fut pas sa surprise lorsque son père lui confisqua le scooter et limita ses sorties !

Son comportement avait été tel qu'il avait réussi à briser la confiance – aussi minime fût-elle – que ses parents pouvaient avoir en lui. Le message qu'il leur avait envoyé aurait pu se formuler ainsi : "Je ne suis pas capable de prendre mes responsabilités. Je ne suis pas fiable. J'ai besoin de règles strictes. Je ne suis pas encore mûr."

"Mais pourquoi me considèrent-ils ainsi ?"

Tout comme mon ami, vous êtes responsable de la façon dont vos parents vous traitent. Plus vous agirez de manière responsable, plus on vous fera confiance.

Quelle que soit la véritable raison pour laquelle vos parents vous traitent d'une façon que vous n'aimez pas, vous contribuez largement, que vous le vouliez ou non, à cet état de fait.

C'est à la fois une bonne et une mauvaise nouvelle.

Une mauvaise nouvelle parce qu'être ainsi responsable du comportement des autres représente un fardeau important. Une bonne nouvelle parce que cela signifie que vous avez le pouvoir de changer les choses. Et si les choses ne vont pas, vous êtes tout à fait capable de les changer vous-même, vous n'avez besoin de la coopération de personne. Par le seul fait de décider de ne plus accepter un comportement que vous n'appréciez pas, vous vous engagez dans un processus de transformation.

Comment donc améliorer la manière d'être de vos parents à votre égard ?

Que faire ?

Si vous le voulez bien, jetez un nouveau coup d'œil à la liste des "nouveaux comportements" que je vous avais proposée un peu plus haut. Attardez-vous sur chacun des conseils et demandez-vous comment vous pourriez les appliquer dans votre vie quotidienne, dans vos relations avec votre père et votre mère. Imaginez, par exemple, que vous demandiez simplement à votre père ou à votre mère comment s'est passée leur journée, alors que vous n'avez rien à leur demander ni aucun problème à leur soumettre. Ils n'ont peut-être pas l'habitude que vous leur posiez ce genre de questions, mais si vous le faites de manière naturelle, ouverte, ils seront à coup sûr touchés et vous répondront avec plaisir. Et le fait de savoir que vous portez un peu d'intérêt, malgré tout, à leur vie les rassurera : vous arrivez à maturité, car vous vous comportez comme un(e) adulte. Voilà pourquoi ils auront envie de vous traiter en adulte.

Essayez d'appliquer les conseils que je vous ai donnés, et vous serez surpris(e) des changements qui se produiront dans votre entourage.

Vous êtes à l'origine du comportement des autres à votre égard

Votre capacité de changer la façon dont vous êtes perçu(e) et traité(e) ne doit pas se limiter aux relations avec vos parents. Vous êtes peut-être fatigué(e) de subir les provocations ou les moqueries de cet élève de Terminale ou les mensonges de cette fille qui se plaît à colporter des ragots sur vous dès que vous avez le dos tourné… Cela ne doit plus durer.

Bonne nouvelle : de même que pour vos parents, la situation peut changer du tout au tout, si vous le décidez. Et si vous n'envisagez pas encore la manière de changer le comportement des autres à votre égard, ou si vous ne croyez pas que vous puissiez changer quelque chose, prenez la décision, dès maintenant, de ne plus vous laisser faire, de ne plus être la victime. Je vous assure que votre sort est entre vos mains. C'est vous qui devez décider.

Mais il arrive que l'on n'ait pas envie de changer ce qui est, et que l'on reçoive des satisfactions cachées d'un état de choses, comme nous l'avons vu dans la loi de la vie n° 3. À partir du moment où vous prendrez conscience de cela, vous n'accepterez plus d'être traité(e) d'une façon qui ne vous plaît pas.

Ayez du respect pour vous-même

Il se peut que vous vous disiez : "Bah, c'est trop tard. Mes relations avec mes parents, mes copains sont ainsi depuis si longtemps qu'il est impossible de les changer !…"

Vous auriez tort. Rien n'est jamais figé. Vous devez d'abord identifier ce que vous faites pour provoquer chez les autres ces comportements que vous n'aimez pas. Cela fait, vous pouvez commencer à modifier votre propre comportement afin de les amener à modifier le leur.

Bien sûr, vous savez que vous allez vous heurter à une certaine résistance. C'est inévitable lorsque l'on décide de changer le rapport que l'on a avec quelqu'un.

Mais la résistance principale viendra de vous. Car la nature humaine est ainsi faite que nous avons tendance à nous comporter de la manière dont les gens souhaitent nous voir le faire.

À vous de jouer !

Dès aujourd'hui, vous pouvez changer les choses, parce que c'est nous qui déterminons le comportement des autres à notre égard. Ce n'est pas eux qui décident d'être ainsi. Dès l'instant où vous appliquerez cette loi de la vie, votre existence deviendra immédiatement plus facile. Et si vous n'envisagez pas encore la manière de changer le comportement des autres à votre égard, ou si vous ne croyez pas que vous puissiez changer quelque chose, prenez la décision, dès maintenant, de ne plus vous laisser faire, de ne plus être la victime.

Rien n'est jamais figé. Toute relation peut se renégocier, soit par vos actes, soit par votre discours.

"Il n'est pas juste de demander aux autres ce que l'on ne se demande pas à soi-même." Eleanor Roosevelt

Par exemple, si on pense que vous ne pouvez pas être un(e) très bon(ne) élève parce que vous êtes plutôt doué(e) pour le sport, vous aurez tendance à ne pas travailler beaucoup car on ne s'attend pas à ce que vous ayez une bonne note en dissertation. Si vous êtes, depuis toujours, le pitre de la classe, vous savez qu'il ne vous sera pas facile de vous comporter différemment. Et il vous sera difficile de ne pas agir comme un macho si les autres s'attendent à ce que vous le fassiez.

J'ai gardé le plus important pour la fin : la relation la plus importante pour vous est celle que vous avez avec vous-même. C'est elle qui détermine les autres relations, celles que vous avez avec les autres.

Tous ceux que vous fréquentez observent la manière avec laquelle vous vous positionnez par rapport à vous-même, ce que vous exigez de vous, si vous êtes prêt(e) à défendre vos positions. Si vous vous comportez envers vous-même avec dignité, respect, vous envoyez un message clair indiquant que vous êtes désormais en position de force pour renégocier la façon dont les autres se comporteront envers vous.

Cette position vous permet d'apprendre aux autres la manière dont vous voulez être perçu(e) et traité(e). Si, au plus profond de vous-même, vous ne savez pas vraiment qui vous êtes, ni ce dont vous avez besoin, vous serez toujours dans une situation fragile et vous heurterez à de nombreux problèmes. Votre entourage sentira instinctivement votre fragilité, votre indécision, et il cherchera sans doute à vous manipuler, à vous culpabiliser, et ne vous manifestera guère de respect.

Pour terminer, n'oubliez pas le principe de réciprocité qui suit : on n'obtient en retour que ce que l'on donne.

Si vous-même ne vous accordez rien, vous ne pouvez espérer obtenir quelque chose de la part des autres.

En résumé

- Les gens vous jugent et vous jaugent selon la manière dont vous vous présentez.
- Les gens vous testent pour voir jusqu'où ils peuvent aller.
- Vous pouvez avoir le contrôle de votre vie dans les limites qui sont les vôtres. Il vous est possible de changer l'attitude de votre entourage à votre égard.
- Traitez-vous avec dignité et respect, et les autres en feront autant.

Loi n°9 :

"Pardonner, c'est retrouver du pouvoir."

Pardonner, c'est retrouver du pouvoir

"L'homme est libre dès l'instant où il se veut tel." Voltaire

POUR VOUS DÉBARRASSER DE TOUTE COLÈRE, DE TOUTE HAINE OU AMERTUME PROVENANT D'EXPÉRIENCES PASSÉES, LISEZ BIEN CETTE LOI. ET CHOISISSEZ DE PARDONNER.

Pourquoi avez-vous intérêt à suivre cette loi de la vie ?

J'avais l'habitude, avec un ami, de faire du trial dans les bois qui se trouvaient à proximité de nos maisons. Après avoir roulé deux ou trois heures, le moteur de nos motos devenait presque incandescent tellement il avait chauffé. Un jour, au cours d'une de ces courses, une branche se coinça près du moteur de mon engin. En tentant de la dégager, je plaquai bêtement ma main contre celui-ci. La douleur fut foudroyante. Je m'étais méchamment brûlé et je continuai à souffrir pendant plusieurs jours.

C'est exactement ce qui se passe lorsque quelqu'un vous fait du mal. La douleur demeure bien longtemps après. Cela peut durer des semaines, des mois, des années et entamer votre confiance en vous, vous rendre amer(ère) ou malheureux(euse).

Quand on est adolescent(e), les occasions de souffrir sont multiples. Nombreux sont ceux qui peuvent nous blesser sans se soucier de ce que nous pensons ou ressentons. Il y a toujours des gens qui sont tellement déterminés à être les meilleurs qu'ils n'hésitent pas à vous écraser et même à vous poignarder dans le dos. Nous faisons parfois l'objet de médisances, de mensonges, de brutalités diverses qui nous font du mal et nous isolent des autres.

C'est la raison pour laquelle nous pouvons éprouver de la haine, du ressentiment, de l'amertume envers ceux qui nous font du tort ou nous ridiculisent. Il arrive que nous ayons envie de nous écrier : "Regardez ce qu'ils m'ont fait ! C'est vraiment mesquin et cruel. Ils m'ont accusé(e) à tort d'avoir fait des choses dont j'ignore tout. Ils ont raconté des mensonges épouvantables à mon sujet. Ah, c'est vraiment trop injuste !..."

Avouez qu'il est difficile de ne pas garder rancune à ceux qui nous critiquent méchamment, à ceux qui racontent des mensonges à notre propos, à ceux qui crient après nous, à ceux qui nous bousculent et nous maltraitent, bref : à ceux qui, directement ou indirectement, nous font du mal.

Alors, nous avons le choix : soit nous décidons de jouer les martyrs, soit nous décidons de dépasser le stade du ressentiment.

Le réveil de la douleur

Quand quelqu'un ou quelque chose vous fait du mal, il est normal que vous réagissiez. La colère, par exemple, est une réaction normale de l'individu.
Il en est de même pour la douleur. Elle est la réaction première à une agression physique ou morale, mais elle peut en outre persister pendant longtemps ou se réveiller.
Les expériences les plus douloureuses, les plus fortes que vous pouvez faire concernent la haine, la frustration, l'amertume. Ces émotions parviennent à bouleverser complètement votre vie, repoussant au second plan tout autre sentiment. Vous avez certainement vécu une situation de ce genre dont le souvenir est peut-être même encore douloureux.

Si vous êtes profondément blessé(e) ou si vous êtes régulièrement soumis(e) à des agressions de toutes sortes, vous avez la possibilité de réagir de trois manières :

1. **Vous pouvez élever un mur imaginaire derrière lequel vous vous réfugiez** afin de vous protéger des autres.
Pour vous, il s'agit avant tout de ne plus souffrir. Vous serez encore capable d'exprimer vos sentiments, vos émotions dans certaines situations, non dangereuses, comme lorsque vous lisez un livre ou allez voir un film bouleversant, par exemple, mais vous ne prendrez plus le risque d'être blessé(e) par quiconque dans la vie réelle.

2. **Vous pouvez devenir maussade, sarcastique, un(e) spécialiste des remarques humiliantes,** préférant attaquer avant de l'être vous-même. En repoussant les autres, vous aurez l'impression de vous mettre à l'abri, de vous préserver davantage et de moins souffrir si vous êtes rejeté(e) à votre tour. Et vous vous direz : "De toute façon, ils m'ennuient et je ne les aime pas. C'est moi qui ai décidé de les ignorer, pas eux."

3. **Vous pouvez vous transformer en robot et nier tout sentiment, positif ou négatif.** Vous restez à distance, vous refusez de vous impliquer. Votre entourage a l'impression que vous ne vous intéressez à rien, que vous ne savez même pas qui vous êtes. Votre vie peut se résumer ainsi : "Tout m'est égal, de cette manière je ne risque pas de souffrir. Je n'attends rien, et je n'ai donc rien à perdre."

Le fait de garder à l'intérieur de soi toute cette frustration, toute cette colère, toutes ces déceptions contribue à vous ronger intérieurement. Vous vivez dans un état de nervosité permanente qui peut engendrer des désordres physiques bien réels, tels que

Olivia

Olivia, une jeune fille en première année universitaire, m'a raconté une histoire qui l'a profondément marquée : "Quand j'étais en Quatrième, il y avait dans ma classe un garçon que j'adorais. J'étais folle de lui. Mais un jour, comme celui-ci discutait avec un petit groupe de copains, non loin de moi, je l'ai entendu dire que j'étais vraiment laide et grosse. Il avait parlé d'une voix suffisamment forte pour que je puisse l'entendre. J'ai été totalement anéantie..." Cinq ou six ans après, l'humiliation ressentie était encore brûlante. Elle ne s'en était pas remise.

Vous ne pouvez pas continuer à vivre emmuré(e) avec vos problèmes. Il vous faut sortir de là !

"Soyez un palais pour vous-même ou le monde sera votre prison." Anonyme

migraines, insomnies, cauchemars, acné, ulcères, douleurs dorsales... Cela peut même aller jusqu'à des problèmes cardiaques graves.
Vous ne pouvez pas continuer à vivre comme cela, enfermé(e) dans votre enfer personnel. Pourquoi s'enfermer dans une prison où l'espoir n'est plus permis, où le bonheur est impossible ? Dans cette prison sans lumière, sans perspective, vous pouvez toujours vous mettre en colère contre ceux qui vous ont blessé(e), vous replier sur vous-même, espérant que la douleur s'atténuera. Mais, aussi longtemps que vous entretiendrez ainsi cette souffrance, vous ne pourrez pas vous en libérer et ceux qui vous ont fait du mal au départ vous en feront encore plus.

Briser les liens de la douleur et de la haine

Difficile, en cas de problème, de se dire : "Aussi difficile que ce soit, je vais faire face. Au lieu de m'isoler, je vais sortir de cette odieuse prison, aller vers le monde, y reprendre la place à laquelle j'ai droit, et dépasser ma douleur et ma colère."
En effet, cette décision ne constitue pas toujours la meilleure solution.

Ce que je viens de dire peut paraître dur. J'aimerais tellement posséder une formule magique qui permettrait d'effacer le malheur d'un seul coup. Une personne blessée n'est pas responsable de ce qui lui est arrivé, ni de la souffrance qui en a résulté. En revanche, c'est elle seule qui pourra trouver la façon de s'en sortir. Et, pour cela, il n'y a qu'une solution. Elle est sans doute difficile à admettre.

Quelle que soit la blessure – que ce soit une parole ou un acte de violence physique –, la personne agressée doit trouver en elle la force de pardonner à son agresseur, la force de dire : "J'ai assez souffert comme cela. Je ne veux plus te haïr. Je ne veux plus que toutes mes pensées ne tournent qu'autour de cela. Je ne veux plus être prisonnier(ère) de ces liens malsains qui m'étouffent. En te pardonnant, je vais retrouver ma liberté."
Je vous entends protester d'ici : "Comment peut-on pardonner, après tout ça ?"
Oui, je vous comprends. Mais que la personne porte plainte ou non, il n'en reste pas moins qu'il lui reste une dernière étape à franchir : il lui faut évacuer définitivement de son esprit et de son cœur le poison qui subsiste. Elle ne sera pas libre tant qu'elle n'aura pas pardonné.

Qu'est-ce que le pardon ?

Soyons bien d'accord. La colère est un phénomène normal. C'est une émotion qu'il ne faut pas réprimer. Il est sain de donner une correction à celui (celle) qui la mérite. Mais il est indispensable d'évacuer sa colère après que celle-ci s'est manifestée.

Toutes les grandes religions de l'humanité prônent le pardon et condamnent la vengeance et la colère. Toutes s'accordent à dire qu'il faut pardonner à ceux qui nous ont offensés. Ne croyez pas que je sois en train de prêcher ! Ce n'est pas mon rôle ! Je constate simplement que les grands courants spirituels de notre planète laissent à Dieu le soin de juger ceux qui ont fait du mal. Ce n'est pas à vous de chercher vengeance.

Ce que vous pouvez faire de mieux, c'est pardonner. La victoire sur la haine et la vengeance vous procure un sentiment de bien-être que vous ne pouvez pas connaître avec ces émotions-là. Un vieux dicton dit à peu près ceci : vivre heureux constitue la plus belle des revanches.

Faut-il donc aller trouver celui ou celle qui vous a blessé(e) et lui dire : "Je vous pardonne" ? Absolument pas.
Le pardon dont il est question vous concerne vous, et non la personne qui vous a fait du mal. Qu'importe que celle-ci sache que vous lui avez pardonné. Il n'est d'ailleurs même pas sûr qu'elle soit consciente de ce qu'elle a fait. Vous êtes seul(e) à savoir le pardon que vous avez accordé, parce que ce pardon vient de vous et vous concerne.

Pardonner consiste à prendre une décision : celle de ne pas passer un jour de plus, ni même une heure de plus, ni même une minute de plus avec toutes les émotions négatives liées à la personne qui a fait du mal. Le pardon est alors fait à soi-même.

Vous avez certainement eu à souffrir à cause de vos parents, professeurs, petites amies ou petits amis, et de bien d'autres encore, et vous en gardez peut-être toujours la trace.
Vous pensez peut-être : "Tout cela est bien joli. Mais j'en veux toujours à mon père, à ma mère, à mon ami(e) ou à qui que ce soit..." Alors, permettez-moi une petite remarque. Que vous en vouliez à Untel ou à Unetelle, le monde ne s'arrêtera pas de tourner pour autant. Vous pouvez vous enfermer dans votre chambre et remâcher votre colère, votre rancune, votre amertume, cela ne vous aidera absolument pas à résoudre ce qui ne va pas dans votre vie. Vos amis continueront à se voir, à s'amuser, à prendre du bon temps, même si, vous, vous broyez du noir dans votre coin.

Juste ou pas juste ?

- Est-il juste que vous soyez enfermé(e) dans cette prison ? Non.
- Est-il facile de s'en évader ? Non.
- Cela en vaut-il la peine ? Bien sûr ! C'est de votre bonheur qu'il s'agit.

Le pardon vous permet de vous ouvrir au monde au lieu de vous renfermer en vous-même. Vous voilà devant un choix : voulez-vous continuer à traîner votre amertume, votre ressentiment, ou êtes-vous prêt(e) à pardonner afin de sortir de votre prison et rejoindre un monde où l'on peut être heureux ?

"Sachez pardonner à vos ennemis, mais ne les oubliez pas." John Fitzgerald Kennedy

Réfléchissez !
Si vous pardonnez à la personne qui vous a fait du tort, qui vous a volé votre petit(e) ami(e), qui a raconté des mensonges à votre sujet, vous lui dites en quelque sorte : "Je refuse de continuer à souffrir 24 h sur 24 à cause de toi parce que cela n'en vaut pas la peine. Je ne me laisserai plus envahir par la colère ou la haine en pensant à toi, je ne grincerai plus des dents en te croisant, parce que tout cela est du passé."

Alors, comprenez que vous n'améliorerez pas votre situation en agissant ainsi. La personne qui vous a fait du mal est sans doute en train de dormir comme un bébé en ce moment. Et vous continuez à vous torturer en pensant à ce qu'il ou elle vous a fait. C'est pourquoi il ne faut pas rejeter l'idée de pardon.
Rappelez-vous que celui-ci a pour but de vous aider vous, avant tout.

Il s'agit de tourner la page. Vous devez être capable de vous dire honnêtement que vous en avez fini avec ces histoires, que désormais elles ne vous feront plus souffrir. Si vous éprouvez toujours le besoin d'aller trouver celui ou celle qui vous a fait du mal pour lui dire son fait, si vous vous réveillez le matin avec les souvenirs douloureux que vous vouliez chasser de votre esprit, c'est que vous n'avez pas réussi à tourner la page. Si vous avez toujours envie de dire quelque chose du genre : "Tu m'as fait du mal, je te pardonne, mais tu ne t'en sortiras pas comme cela", sachez que cela n'est qu'une autre manière d'exprimer votre amertume et non de pardonner.

Pour être réellement libre, il faut réellement pardonner.

Faire le choix du pardon

Pensez-vous pouvoir arriver à pardonner ? Ce n'est pas chose facile, mais on y parvient. Sachez d'abord que le pardon n'est pas un sentiment, mais une décision. Peut-être vous attendez-vous à être submergé(e) par une grande vague qui vous laisserait un sentiment de paix et de bien-être ? Mais ce n'est pas ainsi que cela se passe. Arriver à pardonner ne relève pas d'une émotion. Le pardon est un choix intellectuel.

Chacun s'y prendra à sa manière, en fonction de la situation. Supposez, par exemple, qu'un vendeur vous parle d'une façon arrogante et méprisante.
Votre façon à vous de tourner la page sera peut-être de faire demi-tour sans commentaire, sachant que vous ne remettrez plus jamais les pieds dans ce magasin ou, en tout cas, que vous n'aurez plus affaire à ce vendeur.
Et si l'agression dont vous avez été victime est beaucoup plus grave, comme dans le cas de Flora, votre manière de tourner la page exigera un effort beaucoup plus grand. Peut-être cette dernière décidera-t-elle de porter plainte, ou d'organiser un face-à-face avec son agresseur, ou encore de lui écrire une lettre dans laquelle elle pourra exprimer ses sentiments – et qu'elle choisira de poster ou non ?

Il vous faudra trouver la façon la moins coûteuse pour vous libérer. Essayez de déterminer quelle est la personne pour laquelle vous éprouvez le plus de ressentiment, et décidez d'en finir, de clore ce chapitre douloureux.

Faites le point

Voici un questionnaire pour vous aider à vous débarrasser de vos handicaps émotionnels :

1. Interrogez votre mémoire et votre cœur pour savoir quelles sont les personnes qui ont pu vous froisser, vous irriter ou vous blesser de telle façon que vous en gardez de la rancune ou des séquelles douloureuses. Notez le nom d'au moins 5 personnes.

2. À présent, décrivez ce que chacune de ces personnes vous a fait. Notez, en conséquence, ce que vous devez pardonner pour pouvoir tourner la page.

3. Essayez de trouver une manière de régler le problème pour chacune de ces personnes. Serait-il utile d'aller les voir pour parler avec elles, ou pouvez-vous régler cela par vous-même ? Serait-il préférable de leur écrire ? Est-il nécessaire de porter plainte ? Quel point final pouvez-vous mettre à cette affaire, qui vous permettra de vous dire : “Voilà, c'est terminé, j'ai pardonné” ?

.../...

Il faut que vous parveniez à vous dire : "C'est fini. Je passe à autre chose." C'est de cette manière que la page pourra être tournée.

.../...

Faites le point (suite)

4. Maintenant, écrivez ce que vous devez vous dire, à vous-même, pour accéder à cette sensation de délivrance qui accompagne le pardon.

5. Dernière chose : prenez encore 2 ou 3 mn pour noter le sentiment qui vous habite maintenant que vous vous êtes débarrassé(e) des sentiments négatifs qui vous liaient malgré vous à la personne qui vous a fait du mal.

On donne toujours aux autres ce que l'on a en soi

Lorsque la haine, la colère, l'amertume ont envahi votre être, vous n'êtes pas le (la) seul(e) à en souffrir. Gardez cela à l'esprit quand vous repenserez à l'importance du pardon. Les autres en souffrent aussi, indirectement. Que vous le vouliez ou non, vous leur communiquez vos émotions, y compris les sentiments négatifs qui vous habitent.

Si votre cœur est plein de colère, vous ne pouvez pas vraiment donner de l'amour à ceux qui comptent pour vous, qu'il s'agisse de votre petit(e) ami(e), de vos parents, de vos frères ou vos sœurs. Vous ne pouvez pas le faire si vous vous renfermez en vous-même pour lutter contre la douleur. Vous ne pouvez pas, par exemple, détester vos parents et continuer à aimer votre petit(e) ami(e), contrairement à ce que vous pensez. La colère, la rancœur finiront par empoisonner votre relation. Voilà une raison de plus pour vous libérer de tout ce qui encombre votre cœur et votre esprit. Ce n'est que par cette libération, que par le pardon enfin accordé, qu'existeront dans votre vie et autour de vous l'amour véritable, l'espoir, l'optimisme.

Vous pouvez me croire : toutes vos relations proches en bénéficieront. Supposez, par exemple, que les choses se soient très mal passées avec les filles ou les garçons avec qui vous êtes sorti(e) récemment. Vous leur en voulez, et vous vous méfiez de celles ou ceux que vous pouvez rencontrer à nouveau. La personne qui sortira avec vous, la prochaine fois, se trouvera donc face à quelqu'un qui a souffert de cette situation, et elle en fera certainement les frais. Parce que le passé est toujours vivace, parce que vous n'arrivez pas à pardonner, vous risquez de compromettre vos relations futures.

Un dernier mot pour conclure sur ce sujet : sachez pardonner, retrouvez votre force. Vous le valez bien.

En résumé

- Les blessures de l'âme laissent des cicatrices aussi profondes que les blessures physiques.
- Le fait de se replier sur soi peut vous rendre physiquement malade.
- Vos vieilles blessures risquent d'empoisonner toute nouvelle relation.
- Le pardon est un choix délibéré.
- Qui que vous soyez, vous êtes quelqu'un d'important.

Loi n°10 :

“Il faut savoir formuler avant de demander.”

Il faut savoir formuler avant de demander

"Pour obtenir ce que l'on désire dans la vie, il faut avant tout savoir ce que l'on veut." Ben Stein

CETTE DERNIÈRE LOI VOUS ENGAGE À DÉTERMINER EXACTEMENT CE QUE VOUS VOULEZ, ET À TROUVER LE COURAGE DE VOUS RAPPROCHER DE VOS BUTS.

Pourquoi avez-vous intérêt à suivre cette loi de la vie ?

Et voilà : nous arrivons déjà à la dixième loi de la vie !
Au cours des chapitres précédents, vous avez appris de nombreuses choses qui vont pouvoir vous aider très efficacement au cours de votre vie. Maintenant, il s'agit de formuler clairement ce que vous voulez et comment vous allez pouvoir utiliser ce que vous avez appris pour y parvenir. Vous allez probablement me répondre : "Oh ! pas de problème ! Je sais parfaitement ce que je veux. C'est comme si nous étions à la veille de Noël. Voyons ma liste... Je veux une voiture pour mes dix-huit ans, des vêtements à la mode et un téléphone portable. Je désire aussi sortir avec la plus jolie fille du lycée (ou le garçon le plus séduisant), je souhaite être célèbre, avoir plein d'argent et..."
Une seconde. Ce n'est pas ce que je vous demande. Je ne vous parle pas de possessions matérielles. Je voudrais seulement savoir ce que vous voulez réellement. "Ah, je vois, me répondrez-vous peut-être. Je veux la paix dans le monde, la suppression de la misère, la protection de la nature, des baleines, des forêts tropicales... Et avant tout, je veux être heureux(euse). D'autres questions ?"
Vous dites que vous voulez être heureux(euse) ? Mon chien aussi veut être heureux. Cela signifie-t-il que vous et lui désirez la même chose ? Tout ce qu'il attend, c'est d'être bien nourri, d'obtenir quelques caresses de son maître et de pouvoir dormir tranquillement sous la table. Voilà ses ambitions de chien.
Lorsque vous parlez d'être heureux(euse), lorsque vous parlez de réussite, savez-vous exactement ce que cela veut dire ? Savez-vous avec précision ce que vous attendez de la vie ? Vous avez vraiment intérêt à le savoir car vous risquez de passer tout simplement à côté de ce que vous auriez pu avoir.
Pourriez-vous donc décrire avec précision ce que vous estimez être le plus précieux pour vous ? À quoi cela ressemble-t-il ? Quel goût cela a-t-il, quelle odeur ? Êtes-vous prêt(e) à vous battre pour l'obtenir ? Si vous trouviez une lampe avec un génie à l'intérieur et si vous n'aviez qu'un seul vœu à faire, seriez-vous capable de le formuler ?

Les gagnants ont toujours su exactement ce qu'ils voulaient. Ils ont toujours su visualiser la place où ils sont parvenus, et où ils se sentent parfaitement à l'aise. Ils ont toujours prévu ce qu'ils allaient obtenir, et la manière de l'obtenir. C'est aussi simple que cela. Être heureux consiste à savoir dans quelle direction avancer. Et cela devient alors un plaisir d'avancer : on sait que l'on va vers quelque chose que l'on aimera.
Si vous ne savez pas ce que vous voulez, si vous ne savez pas où vous allez, comment pourriez-vous avoir la moindre idée des moyens d'y parvenir ? Comment seriez-vous capable, dans ce cas, de faire les choix qui s'imposent, d'agir de manière efficace ? Autant il est facile de savoir ce que l'on ne veut pas, autant il est ardu de bien savoir ce que l'on veut vraiment. Ne croyez-vous pas qu'il est temps, pour vous, de faire le point sur ce sujet ?

Élaborez un plan

Sans doute vous demandez-vous pourquoi j'ai attendu la fin du livre pour aborder cette question essentielle ? La raison en est simple : au départ, vous n'aviez probablement pas beaucoup de chances d'atteindre vos objectifs, même si vous saviez ce que vous vouliez, pour la bonne raison que vous n'étiez pas armé(e) pour cela. Mais maintenant que vous faites partie de ceux qui "ont compris", maintenant que vous avez assimilé les neuf lois précédentes, les choses sont différentes. Vous allez pouvoir les appliquer dans une optique bien définie, dans un but précis.
Mais ne vous y trompez pas : il va falloir le faire sérieusement. Cela signifie que vous devez avoir une image claire de ce que vous voulez que soit votre vie, de ce qu'est votre idéal de vie. C'est seulement à cette condition que vous pourrez vous rapprocher de votre but, pas à pas.
Je dois vous avouer que, quand j'étais plus jeune, je ne savais pas ce que je voulais. J'avais beau me creuser la tête, je n'arrivais à rien de satisfaisant. Et lorsqu'une idée un peu plus précise prenait forme, c'était souvent une erreur. Un jour je souhaitais une chose, le lendemain une autre.
Un grand nombre de gens sont dans cette situation. Ils s'efforcent des années durant d'avancer dans une direction bien précise, pour s'apercevoir finalement que ce n'était pas la bonne. Ils se sont franchement trompés, ils ont perdu du temps et de l'énergie. S'ils avaient pris, dès le départ, le temps de réfléchir, de visualiser l'avenir qu'ils voulaient et de prendre la bonne route, ils n'en seraient pas là.
Voilà pourquoi il faut absolument que vous sachiez définir avec précision ce que vous souhaitez vraiment avant de chercher à l'obtenir. C'est une chose qu'il ne faut pas prendre à la légère, un objectif qui doit mobiliser toute votre attention, tous vos efforts.

"Si tu ne sais pas où tu vas, tu dois rester très vigilant car tu risques bien de ne jamais y arriver." Yogi Berra

Ne vous dites pas que vos rêves ne peuvent pas se réaliser. Vous devez être clair(e) à propos de ce que vous voulez car personne ne choisira à votre place.

Le véritable objet du désir

Laissez-moi vous raconter la mésaventure qui m'est arrivée lorsque je cherchais moi-même à définir ce que je voulais. Cela vous évitera certainement de faire la même erreur que moi. Ne vous fixez pas comme but un objet, un lieu ou une activité quelconque en pensant que c'est ce que vous voulez, alors que ce que vous recherchez, en fait, c'est le sentiment que vous apporterait cet objet, ce lieu ou cette activité.
Je vais m'expliquer…

Juste avant mon dix-neuvième anniversaire, alors que j'avais passé mon permis de conduire, j'ai décidé qu'il me fallait absolument une voiture. C'était devenu une obsession. Je harcelais mes parents du matin au soir et du soir au matin pour qu'ils m'offrent l'objet de mes rêves, leur affirmant que c'était exactement ce qu'il me fallait pour que ma vie soit parfaite.
Le jour de mes dix-neuf ans, j'eus donc une voiture.
Cette voiture, que j'ai gardée deux ans, était formidable, mais je n'ai pas tardé à me rendre compte d'une chose : ce n'était pas la voiture elle-même qui me rendait heureux, c'était la liberté qu'elle me procurait, et la popularité dont je jouissais grâce à elle auprès de mes amis.

Quand on se trompe sur le véritable objet de son désir, on risque d'en souffrir sérieusement. Supposez, par exemple, que ce que vous souhaitez avant tout, du moins en êtes-vous persuadé(e), ce serait de devenir l'ami(e) d'un acteur célèbre ou d'un top model. Autant vous dire tout de suite que vous avez peu de chances que cela se réalise. Alors, allez-vous vous morfondre jusqu'à la fin de vos jours car ce que vous croyez vouloir est inaccessible ? Ce serait absurde, non ?

En fait, si vous analysez votre désir, vous vous rendrez compte que ce que vous souhaitez, c'est l'attention et l'affection de quelqu'un que vous admirez particulièrement.

Cherchez à reconnaître avant tout les sentiments et les expériences

Si vous prenez garde de ne pas vous focaliser uniquement sur un objet, sur un lieu ou sur une activité quelconque, il vous sera plus facile de trouver ce à quoi vous aspirez vraiment.
Et si vous avez la sagesse de reconnaître que c'est le sentiment associé à l'objet que vous recherchez avant tout, vous ne vous égarerez plus dans des ambitions impossibles.
Vous prendrez conscience que ce que vous désirez, ce n'est pas, par exemple, l'amitié d'une star, mais l'amitié en soi.
Ou, comme dans mon cas, que ce n'est pas d'une voiture dont vous rêvez, mais de la liberté qu'elle peut procurer. Il y a bien d'autres moyens d'obtenir ce dont vous rêvez.

Posez-vous les bonnes questions

1. Que voulez-vous ?
2. Que devez-vous faire pour obtenir ce que vous voulez ?
3. Comment vous sentiriez-vous si vous obteniez ce que vous souhaitez ?
4. À présent, dites de nouveau ce que vous voulez réellement, mais en utilisant votre réponse à la question n° 3.
5. Que faut-il que vous fassiez pour obtenir ce que vous voulez ?
6. Que ressentiriez-vous ?
7. De nouveau, dites ce que vous voulez réellement, mais en utilisant votre réponse à la question n° 6.
8. Répétez autant de fois que nécessaire les questions n°s 4, 5, 6, 7, jusqu'à ce que la réponse devienne évidente.

Soyez honnête avec vous-même, sincère, mais surtout très précis(e). Vous devez être capable de décrire ce que vous voulez de manière détaillée.

Si le but véritable de votre vie se révèle de manière claire, vous ne ferez pas l'erreur, courante, de vous tromper de direction.

Une histoire de médaille

Grâce à mes erreurs et à ce qu'elles m'ont appris, j'ai pu venir en aide à un garçon qui participait à l'un des groupes de discussion que j'avais organisés pour m'aider à préparer ce livre.
Alban était un élève très brillant, aussi bien en sport qu'en classe où il obtenait, dans toutes les matières, des notes remarquables. Tout le monde l'aimait et l'admirait, ses professeurs comme ses camarades de classe, et tous les parents rêvaient d'avoir un fils comme lui. Il était issu d'une famille elle aussi remarquable, et son père, ingénieur dans l'aérospatiale, était un spécialiste des fusées. Alban avait brillamment terminé ses études secondaires et obtenu une bourse d'études pour l'une des plus fameuses universités américaines : Harvard.
À la fin de l'année scolaire, il était de tradition, au lycée où il avait fait ses études, de décerner au meilleur élève une récompense symbolique au cours de la cérémonie de remise des diplômes où assistaient tous les élèves, parents et professeurs. Alban rêvait de l'obtenir. Il s'agissait d'une distinction qui couronnait les résultats des quatre années précédentes et que l'on n'obtenait que si l'on avait eu des notes assez bonnes pour figurer tous les ans sur la liste des bons élèves. Or, il manquait un dixième de point à Alban pour cela – ce qui le disqualifiait. Il était désespéré.
J'étais consterné pour lui, mais je savais bien, pourtant, qu'il était un peu absurde de se focaliser sur une simple médaille, aussi symbolique fût-elle. Et je comprenais bien que, au-delà de la médaille elle-même, ce que recherchait Alban était la satisfaction qu'elle lui aurait procurée, la reconnaissance officielle de ses résultats, de son intelligence.

Les échanges dans le groupe de discussion étaient filmés en vidéo. Voici un extrait du dialogue que nous avons eu tous les deux :
"Alors, Alban. Dis-nous ce que tu voulais vraiment ?
– Je voulais cette médaille. Je voulais qu'on me la décerne au cours de la cérémonie officielle. C'était pour moi une manière de prouver que je n'étais pas un imbécile.
– Comment vas-tu donc réussir à l'obtenir, cette médaille ?
– Mais tu n'as rien compris ? C'est trop tard ! Je ne peux pas avoir cette médaille parce que, pour cela, il faut être sur la liste des bons élèves tous les trimestres pendant quatre ans et que je n'ai pas réussi pour un dixième de point…
– Mais dis-moi, quel effet cela t'aurait-il fait d'obtenir cette récompense ? Qu'aurais-tu ressenti si tu avais traversé la scène pour recevoir la médaille devant tes parents et tes amis ?
– Ça aurait été formidable ! Comment t'expliquer : j'aurais eu l'impression d'être enfin reconnu pour mes capacités intellectuelles et non plus pour les paniers que je marque au basket.
– Donc, si je comprends bien, ce que tu recherches, c'est une

reconnaissance de tes capacités intellectuelles, de tes résultats scolaires ?
– Exactement.
– Bon, qu'est-ce que tu peux faire, à présent, pour te sentir fier de toi ?
– Eh bien, je ne sais pas trop... Puisque je ne peux pas avoir la médaille, je suppose que je vais essayer de terminer l'année avec des bonnes notes, pour être bien classé et aller dans une bonne université...
– Que ressentirais-tu si tu obtenais de bons résultats, si tu étais classé et si tu pouvais aller dans une université prestigieuse ?
– Je serais content, bien sûr. J'aurais l'impression d'avoir accompli quelque chose dont je peux être fier.
– Donc, ce que tu recherches avant tout, c'est le respect de toi-même, la fierté de la réussite ?
– Voilà, c'est ça.
– Nous sommes alors loin d'une médaille, non ? Ce n'est pas la médaille qui te rend intelligent, cela ne dépend que de toi.
– Je crois que je vois où tu veux en venir ! Ma vie n'est pas complètement ratée, n'est-ce pas ?"

À ce moment-là, Alban éclata d'un grand rire. Il était soulagé. Il avait compris que ce n'est pas un bout de métal doré qui était l'essentiel dans sa vie. Cette médaille ne constituait qu'un symbole de la reconnaissance qu'il espérait, parmi d'autres.
De même, ne croyez surtout pas, parce que l'un de vos buts vous semble soudain inaccessible, parce que l'un de vos projets échoue, que tout soit irrémédiablement perdu. Souvenez-vous de la règle de vie n° 2 : "Nous créons notre propre expérience." Ce qui n'a pas réussi ici réussira ailleurs.

Rêvez !
Lorsque vous savez avec précision ce que vous souhaitez dans la vie, vous pouvez alors vous dire : "Eh bien, voilà. Je sais exactement ce que je veux, et je vais tout faire pour y arriver." N'écoutez pas ceux qui vous disent qu'il ne sert à rien de rêver. Les gens qui échouent sont ceux qui ne rêvent pas.
Ne craignez donc pas de vouloir quelque chose de particulier, de grand, d'exceptionnel. N'hésitez pas à mettre tout en œuvre pour y parvenir, à faire appel aux autres. Utilisez toutes vos capacités. Mon grand-père me disait : "Si tu ne mets pas l'hameçon dans l'eau, tu n'attraperas jamais de poisson." C'est la même chose pour ce qui vous concerne : vous n'obtiendrez rien si vous ne demandez rien, même si la personne à qui vous vous adressez est vous.

"Je n'ai pas simplement eu de la chance, ce que j'ai obtenu, je l'ai mérité."
Margaret Thatcher

N'oubliez pas que ce n'est pas tant le but qui importe, mais la qualité du voyage qui y conduit. Quelle que soit la vie que vous vous choisissez, vivez-la complètement, sans restrictions. C'est de cette manière que vous deviendrez un(e) gagnant(e). Vous ferez partie de ceux qui ont compris.

N'hésitez pas à dire ce que vous voulez

Une fois que vous savez exactement ce que vous voulez, il s'agit de l'obtenir. Sinon, cela ne sert à rien. Vous devez avoir le courage de vous dire que c'est votre destin – un bien grand mot sans doute, mais c'est votre but, vous y avez droit, et personne ne peut vous dire que vous êtes égoïste en agissant ainsi. Vous n'avez pas à vous sentir coupable.

Il faut bien que vous sachiez que vous ne lésez personne, vous ne volez personne en cherchant à obtenir ce que vous désirez. Vous l'avez mérité, vous l'avez gagné grâce à vos efforts, grâce à votre travail, et aussi parce que vous avez suivi les dix lois de la vie. Il est donc normal que vous récoltiez ce que vous avez semé. Nous vivons dans un monde où la compétition fait rage. Si vous ne saisissez pas ce qui vous revient, ce que vous avez gagné, ce que vous méritez, quelqu'un d'autre s'en saisira à votre place. Est-ce cela que vous voulez ? Est-ce que vous souhaitez ouvrir toutes grandes les portes de votre appartement pour que l'on vienne dérober ce qui est à vous ? Lorsque vous serez convaincu(e) que vous méritez ce que vous souhaitez, peut-être alors oserez-vous vous dire : "Voilà, c'est mon tour. J'ai ce que je souhaite et je le revendique !"

Il est donc temps de vous mettre en route. Vous avez devant vous une vie pleine de promesses, de défis, de passions et de joies. Vous êtes en route pour un voyage qui doit être agréable.

En résumé

- Vous devez être capable de décrire avec précision ce que vous voulez dans la vie.
- Les gagnants savent toujours ce qu'ils veulent. Est-ce votre cas ?
- Ne confondez pas le désir que vous pouvez avoir pour un objet ou un événement avec les sentiments que procure la possession de cet objet ou la réalisation de l'événement.
- Si vous ne savez pas exactement ce que vous voulez, vous ne pouvez pas apprécier la distance qui vous sépare du but à atteindre.
- Préparez-vous à vous battre pour ce que vous voulez. Cela vous appartient dès le moment où vous avez travaillé pour l'obtenir.
- Vous pouvez être un(e) gagnant(e) si vous le voulez. Tout dépend de vous.

Conclusion

Conclusion

"Nous sommes devenus les individus contre lesquels nos parents nous mettaient en garde." Jimmy Buffett

NOUS AVONS DONC FAIT LE TOUR DES DIX LOIS DE LA VIE. SI VOUS AVEZ LU ENTIÈREMENT CE LIVRE, SANS SAUTER AUCUN PASSAGE, FÉLICITATIONS ! VOUS AVEZ MAINTENANT EN MAIN LES OUTILS NÉCESSAIRES POUR ATTEINDRE VOS OBJECTIFS, EN UN MOT : POUR RÉUSSIR VOTRE VIE. L'AVENIR VOUS APPARTIENT.

Avant de terminer, je voudrais revenir sur quelques points que j'ai déjà abordés, mais qui me semblent si importants que je voudrais les développer davantage. Ce sont des domaines auxquels vous allez devoir faire face dans les mois et les années qui viennent.
Je m'efforcerai de discuter de ces sujets par rapport aux lois de la vie qui les concernent, mais je suis susceptible de laisser apparaître mon point de vue personnel. Considérez-le comme un point de vue parmi d'autres ; j'espère que cela vous stimulera, même si vous n'êtes pas d'accord avec moi.
Par ailleurs, je ne ferai pas de discours inutile et j'irai droit au but, mais cela ne signifie pas que je vous dirai ce que vous souhaitez entendre.
Enfin, et surtout, je ne veux pas me poser en moralisateur et vous faire un sermon à la manière de vos parents ou d'un donneur de leçons.

Sexe, drogue et rock and roll

• Le sexe

Que vous ayez des rapports sexuels ou non, c'est votre affaire. Il s'agit de votre corps et il vous appartient. Je n'ai pas l'intention de vous faire un cours de morale, ni de vous dicter votre conduite. Je voudrais simplement que vous preniez une décision, quelle qu'elle soit. Regardons les choses en face : il n'est pas facile de parler de ces choses-là avec ses parents. Le sujet est embarrassant pour vous comme pour eux. Mais songez avant tout que votre vie peut basculer du jour au lendemain si vous ne savez pas mesurer les conséquences de vos choix et de vos actes. Le sexe ne fait pas exception à la règle.
Les adolescents de treize à dix-huit ans que j'ai pu interroger à propos de leurs expériences sexuelles m'ont presque tous assuré qu'ils avaient très vite regretté les rapports qu'ils avaient pu avoir alors qu'ils étaient au collège ou au lycée. "Tout le monde le faisait

et je croyais être amoureux (ou amoureuse)", m'ont-ils confié. D'autres, qui n'en avaient pas encore fait l'expérience, se disaient que c'était sans doute ce qui allait bientôt leur arriver, mais n'avaient pas grande opinion sur le sujet.

Comme pour bien des choses, il y a là des aspects positifs et négatifs. Côté positif, il est certain que les relations sexuelles vous permettent de vous sentir plus proche de votre petit(e) ami(e) ; elles sont agréables et vous donnent non seulement du plaisir, mais encore un sentiment d'indépendance, l'impression d'être adulte. Voilà pour le bon côté de la question.
Mais il faut voir également le revers de la médaille. Il y a d'abord les risques réels de grossesse. Un effet secondaire non négligeable, qui peut bouleverser votre vie et même la détruire !
Mais il y a autre chose aussi, dont vous avez bien sûr entendu parler : les maladies sexuellement transmissibles. Un de mes copains a un T-shirt qui résume assez bien la situation. Sur le devant, figure, inscrite en grosses lettres, la phrase suivante : "L'amour est changeant, l'herpès est constant." Et sur l'autre côté, on peut lire : "Et le sida rôde par là !"
Voilà bien un domaine qui confirme deux lois de la vie que vous connaissez bien, à présent : c'est vous qui créez votre propre expérience et qui apprenez aux autres la manière de vous traiter. Pensez-y et réfléchissez au prix que vous pourriez avoir à payer.

La décision vous appartient, mais ayez la lucidité d'envisager le pire. Que se passerait-il si vous étiez enceinte ? Si vous attrapiez une maladie ? Soyez honnête avec vous-même. N'essayez pas d'éviter la question. Votre décision vous engage sur le plan moral, émotionnel, physique, social et relationnel. Il ne s'agit pas d'une décision sans importance, parce que, en cas de problèmes, il n'y a pas de retour en arrière possible. Vous devez en être conscient(e) : il s'agit de votre corps et vous avez le droit de dire non ! Ne cédez pas à une impulsion et ayez le courage de voir les choses en face et d'envisager toutes les possibilités.

Vous souvenez-vous de la loi de la vie n° 2 : "Nous créons notre propre expérience" ? Lorsque vous décidez de vous comporter d'une certaine manière, vous en acceptez implicitement les conséquences. Et si vous vous trompez, celles-ci peuvent être très graves.

Ne passez pas à côté de vous-même, parce que vous seriez trop occupé(e) à vouloir imiter quelqu'un d'autre ou à vous battre contre l'autorité. Vous tourneriez le dos aux potentialités qui sont les vôtres et vous ne découvririez alors jamais qui vous êtes.

Vous et la drogue
Quelle que soit la satisfaction que vous en avez, est-ce réellement ce que vous recherchez ou essayez-vous de fuir quelque chose ? Cherchez-vous à refuser votre situation actuelle ? La substance que vous fumez, avalez, vous injectez ou sniffez peut-elle vraiment résoudre vos problèmes ? Évidemment non !

• La drogue
Je vous ai dit que je voulais éviter les sermons, mais lorsqu'il s'agit de la drogue, je suis obligé de vous dire que vous faites preuve de la plus grande stupidité, de la plus grande inconscience si vous en consommez (au moins vous savez à quoi vous en tenir sur ma façon de penser).
Souvenez-vous de la loi de la vie n° 3 :"On fait ce qui nous satisfait." Apparemment, si vous prenez de la drogue, c'est que vous en tirez, quelque part, une satisfaction.
Après avoir lu ce livre, vous vous demandez peut-être comment vous avez pu vous laisser entraîner sur cette pente.

Je me suis rendu compte que nous commencions souvent à faire quelque chose pour certaines raisons, puis que nous continuions pour de tout autres raisons. Si vous preniez déjà de la drogue avant de lire cet ouvrage, c'est vraisemblablement parce que vous faisiez partie de ceux qui n'ont pas "compris". Parce que votre vie était loin d'être satisfaisante, parce que vous n'aviez aucun but, ou en tout cas aucune idée de la façon de l'atteindre. Vous avez probablement commencé à vous droguer parce que cela vous semblait une solution.
Si vous avez vraiment lu ce livre, vous êtes en train de devenir l'un de ceux qui comprennent – ce que j'espère – et vous n'aurez désormais plus besoin de ces substances dangereuses.
Tous les jeunes que j'ai connus et qui prenaient de la drogue le faisaient parce que leurs amis en prenaient ou dans le but de trouver une identité. Ils revendiquaient l'appartenance à un groupe – un groupe qui rassemble des grands, des petits, des gros, des maigres, des gentils, des méchants, des idiots et gens brillants dont le seul point commun est la drogue. Il est facile d'y entrer, mais le prix à payer est très lourd, et c'est vous-même qui devrez le payer.
J'espère que vous allez désormais vous employer à sortir de cet engrenage, à compter davantage sur vos propres capacités que sur une substance chimique pour prendre en main votre vie. Vous valez mieux que cela et vous le savez. Et quand vous serez suffisamment loin de cette période, vous vous direz sans doute :"Comment ai-je pu être assez bête pour faire une chose pareille ?"

L'indispensable respect de soi

Peu importe qui vous êtes, peu importe ce que vous avez accompli jusqu'à aujourd'hui. Chacun a ses propres doutes, ses propres interrogations quant à sa propre valeur.

Alors, voici ce que je tiens à vous dire, pour terminer. Il n'existera jamais un être identique à vous. Vous êtes unique.
Vous avez parfois des doutes sur vous-même, mais ne vous laissez pas décourager par les critiques désobligeantes que l'on pourrait vous faire. Rappelez-vous que vous êtes unique et vous êtes quelqu'un de précieux.

Nous nous comparons inévitablement aux autres et c'est souvent un problème.
Permettez-moi de vous confier un petit secret à ce propos. Nous savons tous ce que nous valons. Nous sommes conscients de nos qualités et de nos faiblesses. Et ces faiblesses, nous les cachons aux autres – ce qui est naturel. C'est la raison pour laquelle nous avons tendance à nous dévaluer lorsque nous nous comparons aux autres car nous nous comparons à l'image avantageuse que ceux-ci projettent. Nous pouvons être sûrs que la comparaison sera à notre désavantage. La réalité peut être en fait totalement différente, ne vous laissez donc pas intimider.

L'essentiel, c'est de croire en vous-même. Soyez vous-même et ne perdez pas votre temps à vous comparer aux autres. Vous disposez d'un formidable potentiel, et une vie formidable vous attend.
Si vous le voulez, et si vous faites ce qu'il faut pour cela.

Pensez par vous-même

La pression du groupe sur un jeune est souvent très forte. Chacun a besoin de se sentir conforté par un clan, un groupe où il se sent admis et apprécié.
Mais cette appartenance peut parfois se révéler dangereuse. Le dialogue suivant doit se répéter d'innombrables fois dans nombre de foyers. Vous ou moi : “Mais, Maman, tout le monde le fait. Je ne vois pas pourquoi je ne pourrais pas le faire !”
La mère : “Je suis sûre que, s'ils décidaient de sauter du haut d'une falaise, tu te joindrais à eux !...”
Il faut bien reconnaître que la formule “Tout le monde le fait” est particulièrement stupide. D'abord, parce qu'on n'est pas tout le monde. Ensuite, parce que c'est à vous de décider de ce que vous voulez, de vous faire votre propre opinion.
J'ai appris à mes dépens que l'on peut commettre de nombreuses bêtises avec d'autres, mais que l'on se retrouve tout seul pour payer la facture.
Pour “faire comme tout le monde”, on abdique son intelligence et son indépendance.

Édition : Fabienne Travers et Anne-Laure Couvreur
Mise en page : Caroline Rimbault
Correction : Jean-Pierre Leblan

Imprimé en Italie par Rotolito Lombarda
Dépôt légal n° 35278 – Juin 2003
ISBN : 250 103 8630
Codif 4035424 /01